AF353021

La Torá en la calle

Ejercicios de bioética religiosa y social basada en el Antiguo Testamento

Comentarios de la *parashá*

Prof. Hugo Cárdenas Sankán, PhD

EDIQUID

LA TORÁ EN LA CALLE
Ejercicios de bioética religiosa y social
basada en el Antiguo Testamento
Comentarios de la *parashá*
© Hugo Cárdenas Sankán

Editado por: Corporación Ígneo, S.A.C.
para su sello editorial Ediquid
José Olaya 169, ofic. 504, Miraflores. Lima, Perú
Primera edición, noviembre, 2024

ISBN: 978-612-5160-17-1
Tiraje: 50 ejemplares

Hecho el Depósito Legal en la Biblioteca Nacional del Perú N° 2024-06335
Se terminó de imprimir en noviembre del 2024 en:
ALEPH IMPRESIONES SRL
Jr. Risso Nro. 580 Lince, Lima

www.grupoigneo.com
Correo electrónico: contacto@grupoigneo.com | Teléfono: +51 955 071 270
Facebook: Grupo Ígneo | X: @editorialigneo | Instagram: @grupoigneo

Colección: Pensamiento

Contenido

Prefacio 7

Prólogo 9

Génesis. La indispensable relación de la religión
    con la ciencia 11

El diluvio del siglo XXI 14

Hagar, la esclava que conversaba con Dios 17

La antropología ayuda a entender la Biblia 20

La epidemia de la desconfianza en la palabra 23

Rebeca, la matriarca filósofa 26

La ausencia de base bíblica para la subordinación
    de la mujer al hombre 28

Jacob, el antihéroe en la Torá 31

La importancia de saludar 33

Se necesitó al más poderoso y al más débil para
    superar la crisis 35

No avergonzarás a tu prójimo en público 37

La muerte digna en medio de la pandemia de la
    COVID-19 40

Éxodo. Las primeras matronas y el respeto a la vida 43

Y se tiñeron las aguas de la sangre de Nicolasa
    Quintreman 46

Martin Luther King Jr., el profeta del servicio 49

El miedo en tiempos de cambios sociales 52

A construir la hermandad de los Diez Mandamientos 55

No más cárceles, más educación 58

La urgencia de educar y educarnos para la relación

con el prójimo 61

De la aristocracia a la meritocracia en la religión 63

¿Los ricos son más caros que los pobres? Una reflexión

de bioética religiosa 65

La honradez es silenciosa 68

Moisés no tenía gastos secretos o reservados 71

Levítico. El camino del perdón 73

La grandeza de las tareas pequeñas en la ciudad

infectada por el coronavirus 76

Para Moisés, dudar no es pecado 78

La impureza ritual no es pecado 81

Una bendición para la menstruación 84

La antigua costumbre del chivo expiatorio revive

en la pandemia de la COVID-19 87

La ignorancia también es una forma de ceguera 89

Hacer el bien no es lo mismo que no hacer el mal 92

La Tierra de Nadie, el Libro de Todos 95

El difícil mandamiento de estudiar la Biblia,

pero para vivirla 98

Números. Sobre el uso de la internet en Shabat

durante la pandemia 101

La dignidad de los oficios manuales 104

La hormona de Abraham 107

Lo materno en Moisés 110

Desde Koraj hasta Gil-Ad, Eyal y Naphtali 112

La empatía con los enfermos de la COVID-19 114

El antisemitismo se basa en el temor y la ignorancia 117

Aprendiendo a vivir con nuestras religiones hermanas 119

Rescatando a la palabra 121

¿Es una falta más grave no observar el shabat o no dar
    para el sustento del templo? 123

Deuteronomio. El arte de escuchar a los ancianos
    y ancianas 125

Amarás a tu prójimo con lepra 128

¿Y qué hacemos con los viejos y las viejas de la familia? 130

Los otros pobres del siglo XXI 133

La responsabilidad social en la Torá 135

¿Es el aborto la pena de muerte por la culpa de
    los padres? 137

El deber religioso de la felicidad en el tiempo de la
    COVID-19 140

Hacia la teología del futuro 143

El mandamiento bíblico para la tercera edad: enseñar
    la Torá 146

El estudio de las monjas, la alegría de vivir y
    Deuteronomio 32:47 148

El último mandamiento: la fraternidad entre las
    religiones 151

Sobre el autor 154

Publicaciones en bioética del autor 156

Prefacio

Este libro es un intento de percibir y examinar cuestiones morales, sociales y políticas en el marco de la Torá y la Biblia, reconociendo que esos textos sagrados resuenan hoy a pesar de haber sido escritos en tiempos antiguos.

El comentario de la *parashá*, la porción de la Torá que se estudia cada semana en las comunidades judías, es un género literario propio del judaísmo que se cultiva en todo el mundo. Los comentarios particulares de la *parashá* de este libro fueron publicados en el boletín semanal de la Comunidad Beit Emunah en Santiago, Chile, y compartidos con un círculo interreligioso más amplio, pero son opiniones personales del autor que no necesariamente son compartidas en su totalidad o en parte por su comunidad y lectores.

El texto de la Torá muestra que siempre hubo un diálogo intenso entre nuestros patriarcas y Dios, y que el desacuerdo entre ellos era la máxima expresión de amor en esas relaciones. Por otro lado, nuestros profetas bíblicos no dudaron en cuestionar el poder político de su tiempo, y su búsqueda de justicia y rectitud fue heredada por nuestros profetas modernos, como M. L. King y Nelson Mandela, y Clotario Blest en Chile, quienes nos mostraron que las enseñanzas morales bíblicas son relevantes para nosotros hoy.

Este libro es un testimonio de la búsqueda en la Torá de guía moral y del sentido de la vida en las complejidades cada vez más exigentes de nuestro mundo moderno.

Ms. Robin Arbiter
Autora, poeta, activista social
Urbana, Champaign, IL
EUA

Prólogo

La bioética hoy tiene varias áreas de interés, o subespecialidades, que incluyen la de la salud, la de la ciencia y también la social. Y esta última, al ocuparse de los aspectos éticos de la dimensión comunitaria de las personas, se encuentra con la «bioética de la Torá»; porque la Torá, que es parte del Antiguo Testamento, es el contrato ético entre Dios y el ser humano, que resignificamos en cada época y en cada generación.

La *parashá* (significa porción en hebreo) es el segmento de la Torá que se lee en las sinagogas, escuelas y hogares judíos cada semana, y su estudio es un deber religioso que brinda la oportunidad para tratar de comprender la vida y los sucesos cotidianos en el universo ético de la Revelación y de la milenaria tradición judeocristiana. El comentario de la *parashá* es un género literario específico y característico del judaísmo, que se ha cultivado desde hace siglos y que hoy se publica en incontables boletines y periódicos de las comunidades judías en el mundo.

«Con la Torá en una mano y el periódico en la otra» fue el lema del rabino Marshall Meyer (1930-1993), que sintetizaba así el desafío de vivir sus enseñanzas en la cotidianidad de la vida. Tal es el espíritu de esta serie de comentarios de la *parashá*, publicados semanalmente en el boletín de una comunidad judía en Santiago de Chile, y que recogen reflexiones motivadas por el encuentro de la energía espiritual que produce la lectura de la

Biblia con la realidad nacional e internacional. Debido a que muchas veces los comentarios se refieren a sucesos y noticias específicos del momento, al final del texto de cada uno de ellos se indica el año cuando se escribió.

Génesis
La indispensable relación
de la religión con la ciencia
Parashá Bereshit (Génesis 1:1-6:8)

En el comienzo Dios creó
los cielos y la tierra
Génesis 1:1

En la Creación se encuentran la fe religiosa y la fe en la ciencia, aunque hoy son minoritarias las voces que reconcilian el avance científico con el de la religión. Así como la ciencia avanza en la acumulación del conocimiento natural y su incorporación a un cuerpo estructurado de ideas, la religión también progresa, integrando los cambios de los nuevos tiempos al acervo moral de la humanidad.

El antagonismo entre la religión y la ciencia es consecuencia del analfabetismo científico y del analfabetismo religioso. Ambas formas de ignorancia perpetúan las peleas absurdas que surgen cuando las partes no entienden de qué está hablando el otro. Porque la Torá no es un relato científico del origen del universo ni de la vida. Es uno de naturaleza religiosa; esto es, en palabras de la Jewish Publication Society:

Los versículos iniciales de Génesis no son un relato científico de los orígenes del universo. La Torá es un libro de moralidad, no de cosmología. Su preocupación única es nuestra relación con Dios, es la verdad de la vida humana y no la verdad científica. La Torá describe a la Creación como «buena», y esto es una aseveración que un relato científico no puede hacer (Etz Hayim, pág. 3).

La ciencia ha demostrado que el relato literal de la Creación en la Biblia no corresponde a la realidad de cómo fue el origen del universo ni de la vida. ¿Significa esto que la Biblia es falsa y que Dios no existe? Ciertamente, no. Porque, así como la fe religiosa se basa en premisas que son actos de confianza plena, también lo es que sobre ellas se deducen y construyen actos éticos que fundamentan la dignidad de la vida humana. Y esto es el campo de acción y relevancia de la Biblia.

¿Y qué pasa por el lado de la ciencia? Ella responde al qué y al cómo de las cosas, no al por qué ni al para qué desde el punto de vista moral. Pero la ciencia también descansa sobre premisas arbitrarias, tales como que su objeto de estudio lo constituye todo aquello que se puede verificar por los sentidos o por el pensamiento, poniéndose a sí misma el límite de la verificabilidad.

Pero ¿se pueden verificar los valores morales? ¿Se puede verificar la verdad del «amarás a tu prójimo como a ti mismo»? La sola pretensión es absurda. Tanto como lo sería indagar la moralidad de las mitocondrias o de los asteroides.

Así, las verdades bíblicas lo son en el ámbito de nuestra relación con Dios y con nuestros semejantes, mientras que las verdades científicas imperan en la comprensión del mundo natural.

La religión aspira a construir el mundo de Dios, basado en el amor al prójimo, en la justicia y la caridad. La ciencia, en cambio, busca la comprensión racional del universo, brindando las herramientas para seguir el mandato divino de enseñorearnos sobre el mundo para hacerlo mejor. La ciencia sin religión produjo el nazismo y el estalinismo, el racismo, el colonialismo, la esclavitud y todos los «ismos» que han martirizado la tierra con la muerte y la degradación.

Pero, cuando solo hubo religión y nada de ciencia, tuvimos la Inquisición, las guerras religiosas, la intolerancia y la persecución, el asesinato masivo de quienes tenían dioses diferentes al propio. ¿Dónde se encuentran, entonces, la religión y la ciencia? En el alma humana, que necesita tanto del espíritu como de la razón.

2021

El diluvio del siglo XXI

Parashá Noaj (Génesis 6:9-11:32)

> *No maldeciré la tierra por culpa*
> *de la humanidad nuevamente*
> Génesis 8:21

Parece que Dios no cumplió su promesa de no maldecir más la tierra por culpa del ser humano, porque estamos en medio de un segundo gran diluvio, que amenaza con acabar con todas las formas de vida sobre la tierra. Es el diluvio de la información comercial, desatada e incontenible, que aplasta el entendimiento y mata la razón y la moral, abrumándonos con el síndrome de la sobreestimulación sensorial mercantilista. El diluvio de «oportunidades» de negocios que excitan y pervierten el alma humana nos está matando. Todo se vende, todo se puede vender.

Estamos dejando de hacer las cosas más nobles, como estudiar y compartir con el prójimo. Estamos dejando de estudiar y de convivir por el mero placer de hacerlo. Ahora, hay que ser rentable, hacer cosas «útiles» a la sociedad, esto es que se puedan vender, no importa si no responden a necesidades verdaderas e importantes. Si se vende, es importante. «Vendo, luego existo. Compro, luego me valoran», ese es el lema del nuevo orden mundial, incluyendo a nuestras universidades, donde se vende la ilusión de poder comprar la educación. Como si la educación no fuera tan intangible como el amor, ¿o acaso ya están vendiendo también el amor?

Pero ahora no hay lugar para un nuevo Noé. El nuevo dios, ¿Mercado?, no tiene la conciencia del antiguo Dios. Ahora sí que no hay espacio para que ningún rincón de la tierra, ni para que ninguna especie animal o vegetal, se salve de tener un precio de venta.

En el nuevo orden mundial, no cabe un arca incómodamente pura, donde alguien tenga el descaro de no vender nada, de no poner precio a nada, de compartir y simplemente gozar la antigua naturaleza, con sus seres vivos libres de las ataduras de la conveniencia económica, que existían por las meras voluntades del Creador y de los ingenuos que gozaban con el inútil e improductivo placer de la contemplación de la belleza.

Sin embargo, aún queda un Arca, irreductible e invulnerable, donde se refugia la memoria de aquellos tiempos cuando las cosas podían existir sin ser bienes de consumo, donde los seres humanos no éramos valorados por las cosas materiales acumuladas. Esa Arca es el alma humana, construida laboriosamente, vivencia tras vivencia, golpe tras golpe, calafateada milímetro a milímetro con las enseñanzas bíblicas que aborrecen y repelen todos los intentos del diluvio de la mercantilización para ponernos un precio y acabar con la vida profunda y humana de quienes no se venden.

Cuando el diluvio materialista del dios Mercado venda todo lo que se puede vender, mate todo lo que se puede vender, destruya todos los ecosistemas que se pueden vender, y cuando no quede nada que se pueda vender, saldremos del Arca de nuestro corazón para repoblar la tierra con todos y todas las que pudimos rescatar del diluvio de la compraventa histérica del planeta. Escucharemos de nuevo el llamado de esta *parashá* eterna y poblaremos la tierra de nuevo con hombres y mujeres libres que no tendrán un precio, porque venderse será ajeno a su naturaleza y porque nadie osará nuevamente poner a la venta Su Creación.

2014

Hagar, la esclava que conversaba con Dios

Parashá Lej Leja (Génesis 12:1-17:27)

> *Hagar, esclava de Sara,*
> *¿de dónde vienes, hacia dónde vas?*
>
> Génesis 16:7

Si alguien tiene dudas sobre el enorme aporte enriquecedor de la visión femenina de la Biblia, tiene que leer el libro de la rabina Elyse Goldstein *The Women's Torah Commentary* (Kindle Publishing, edición digital), que demuestra lo mucho que la vivencia de lo religioso ha ganado con la incorporación de la mujer al rabinato. Lo que sigue es un resumen de las reflexiones de la rabina Goldstein sobre la *parashá* de esta semana, que complementa los estudios de los rabinos contemporáneos, expandiendo el alcance de nuestra religiosidad.

Una de las primeras cosas que nota la rabina Goldstein es que Hagar, la concubina de Abraham, habla con Dios.

Al comienzo, es cierto que es un enviado de Dios quien conversa con ella, en los versículos 16:7-11. Pero después, ocurre un suceso trascendente que no puede pasar desapercibido, porque ahora Hagar misma se dirige a Dios y le da un nombre: «Tú eres El-roi». Dar un nombre a Dios es algo absolutamente extraordinario, tanto que ni Abraham ni nadie más se atrevió a hacerlo, y la rabina Goldstein concluye que esto muestra la naturalidad y confianza con que Hagar pudo relacionarse con Dios. Lo que se confirma, por lo demás, por el mismo significado de la expresión *El-Roi*: «Lo vi después que Él me vio».

Donde Abraham necesitó pruebas y recordatorios de la relación con Dios, Hagar aparece como más empática y confiada. No necesita más prueba de Dios que Sus palabras y el diálogo con ella. Es una muestra del carácter de Hagar. Todo lo anterior ocurre en medio del segundo viaje relatado en esta *parashá*. Siempre viene a la mente la salida de Abraham de su tierra natal y todo lo que sigue, pero el viaje de Hagar es de igual forma trascendente y paralelo al de Abraham en muchos aspectos simbólicos. Tanto Hagar como Abraham comienzan sus viajes dejando sus casas, y Dios hace un pacto con ellos, prometiéndoles que dejarán una numerosa descendencia.

Finalmente, Dios es quien da el nombre de sus respectivos hijos. La gran diferencia es que Hagar alcanza tal grado de confianza con Dios que le da a Él un nombre. Esto muestra, según el análisis de la rabina Goldstein, que Hagar es una mujer de espiritualidad innata, honrada por Dios cuando, al final de la *parashá*, decide cambiar los nombres de Abram y Sara a Abraham y Sarah, pero no el de Hagar. Recordemos que la razón de tales cambios de nombres es que el encuentro con Dios modificó la naturaleza de la religiosidad de Abraham y Sarah, mientras que Hagar pudo establecer una relación de confianza con Dios desde el primer momento.

El análisis de la rabina Goldstein revela la tremenda personalidad de Hagar y también muestra que no cualquier mujer era concubina de un poderoso jefe de clan como Abraham. Nos explica por qué Hagar pudo ganarse el favor de Dios desde el primer momento y obtener el privilegio de un pacto especial con ella. No pueden caber dudas; el aporte de las rabinas es esencial para el estudio de la Torá.

❆ 19 ❆

2018

La antropología ayuda a entender la Biblia

Parashá Vayera (Génesis 18:1-22:24)

*Tengo aquí dos hijas vírgenes... hagan con ellas
lo que quieran, pero no toquen a mis invitados*
Génesis 19:8

La mayoría de las interpretaciones de este problemático versículo, incluso las de algunos de nuestros más respetados sabios tradicionales, no son del todo satisfactorias y no dejan contentos a todos. Porque, ¿cómo puede conciliarse la moral bíblica con dar las hijas a los bandidos para que abusen de ellas, con tal de proteger a los huéspedes en la propia casa? En ninguna parte de las Escrituras aparece ni siquiera remotamente el deber de dar las hijas vírgenes para proteger la dignidad de forasteros en nuestra casa.

Obviamente, estamos pasando algo por alto, y es la distancia abismante, temporal y culturalmente, que tenemos con el mundo histórico de la Biblia, lo que implica que hay muchos pasajes difíciles que tal vez no tengan un significado ético profundo, sino que su dificultad sea simplemente resultado de las enormes diferencias antropológicas entre nosotros y los personajes bíblicos.

Según el respetado rabino e investigador Richard E. Friedman, el versículo Génesis 19:8 bien podría ser uno de esos casos. El rabino Friedman propone que, a diferencia de lo planteado por

Ramban y otros estudiosos, el ofrecimiento de sus hijas por parte de Lot no fue de ninguna manera una muestra extrema de la milenaria tradición de la hospitalidad que en el Medio Oriente obliga a proteger a los huéspedes.

Según Friedman, este caso y otros son más bien una muestra de la particular tradición de la negociación, del regateo, que tiene raíces milenarias en las tierras bíblicas. Incluso hoy, no regatear ni negociar precios y condiciones es una muestra de falta de cortesía en el Medio Oriente. Las negociaciones comienzan siempre haciendo ofertas extremas que las partes saben que no se cumplirán; es lo que se puede denominar «un engaño de cortesía».

Otro ejemplo más conocido de esta manera de negociar es el diálogo que se suscita entre Abraham y el vendedor de la tierra donde Sara será sepultada, cuando las palabras grandilocuentes acompañan la mera compraventa de un terreno y a un precio bastante alto (Génesis 23:11-15).

Pues bien, según el Rabino Friedman, la oferta inicial de Lot es lo que correspondía hacer al comenzar una negociación difícil, pero todos entendían entonces que tal oferta era solo para poner una vara muy alta al inicio de la negociación, sabiendo que no se haría efectiva. Y esto es lo que finalmente ocurrió; las hijas de Lot no fueron entregadas en vez de los forasteros alojados en su casa, lo que, por lo demás, es enteramente consistente con la interpretación de Friedman. Hay varios otros ejemplos de este tipo de negociaciones o regateos en la Biblia, mencionados en *Commentary on the Torah* del rabino Friedman, que demuestran que tal manera de negociar es usual en el relato bíblico.

La importancia de estas consideraciones es que nos alertan sobre uno de los problemas más recurrentes en el estudio de la Biblia, que es la sobre interpretación moral de pasajes incomprensibles.

Esto ocurre casi siempre que olvidamos que estamos leyendo un texto escrito hace alrededor de tres mil años y en realidades culturales muy diferentes. Por este tipo de problemas, aparte de las dificultades propias del idioma, es indispensable estudiar la Biblia con la ayuda de expertos que investigan científicamente el contexto de los textos sagrados para que podamos comprenderlos a cabalidad.

2017

La epidemia de la desconfianza
en la palabra

Parashá Hayyei Sarah (Génesis 23:1-25:18)

Así el campo de Efron, que estaba en
Macpela frente a Manre, con la cueva
que había en ese lugar y todos los árboles,
pasaron a ser posesión de Abraham...
Génesis 23:17-18

Las palabras habladas delante de los testigos fueron suficientes para una de las compraventas más importantes de la historia, ya que dio lugar a nada menos que al primer terreno que fue propiedad de un judío en la Tierra Prometida. Esto pone de manifiesto que el peso de la palabra hablada era tan natural en esos tiempos que, por lo mismo, pasa desapercibido en todo este relato. No hubo firmas de ningún documento de compraventa ni escritura legal de la propiedad; la palabra hablada era suficiente en esa lejana época.

Y esta confianza en la palabra hablada sigue manifestándose cuando Abraham encarga a Eliezer, su esclavo jefe, la delicada tarea de asegurar su propia descendencia encontrando una esposa para su hijo. Cuando Eliezer se presenta a la familia de la futura esposa del hijo de Abraham, nadie duda de las extraordinarias palabras que les relata para ganar su confianza, a tal punto que le entregan su hija para que se la lleve a su nueva familia, todo basado únicamente en las palabras que conversaron con Eliezer. ¿Haríamos algo así hoy en día? ¿Entregaríamos a nuestra hija a un desconocido que se presenta sin ningún otro respaldo que su palabra hablada?

Por supuesto que no; hoy todo el proceso estaría «asegurado» por un sinnúmero de papeles y firmas, incluso las propias huellas digitales, porque la falta de honorabilidad que permea nuestro mundo ha llegado a tal extremo que ya se está recurriendo a exigir pruebas biológicas de la identidad y propósitos de los firmantes de los contratos, como la huella digital, que dentro de poco será reemplazada por una muestra de sangre o raspado de la piel para los exámenes de ADN.

¿Qué nos ocurrió a los seres humanos que hoy la palabra hablada vale tan poco que nadie hace acuerdos y contratos que descansen solo en lo conversado, delante de testigos si se quiere una medida adicional de seguridad? Este punto es extraordinariamente importante, porque muestra una de las tragedias del mundo moderno: la enorme epidemia de desconfianza que infecta todas las facetas de la convivencia humana, incluyendo la vida dentro de la religión.

La desconfianza se convirtió en una enfermedad espiritual crónica, altamente contagiosa, que anula la vitalidad inherente a la vida social y comunitaria. Ya no solamente cuando se trata de comprar tierras y cosas materiales, sino en todas las esferas de la vida, nos acostumbramos a no sentirnos amarrados o comprometidos con lo que decimos y nos dicen verbalmente. Y esto llegó incluso a nuestra vida religiosa, donde olvidamos frecuentemente que nuestras oraciones son un diálogo con Dios tan vinculante como el más solemne contrato firmado en un papel.

Necesitamos con urgencia volver a respetar nuestra palabra hablada, lo que comienza recuperando primero nuestra confianza en nosotros mismos, a tal grado que nos obligue a sentir y vivir como vinculantes los innumerables compromisos pequeños y grandes que contraemos diariamente con Dios y con nuestra comunidad.

2017

Rebeca, la matriarca filósofa

¿Por qué?
Génesis 25:22

La Torá no usa muchas palabras para describir a nuestras matriarcas, que acompañaron a nuestros patriarcas en toda su vida. Necesitamos desarrollar una sensibilidad especial para conocerlas, lo que es posible si nos permitimos leer el texto bíblico con la empatía de la religiosidad genuina de hoy. Un ejemplo de lo anterior es el comentario de la rabina Beth J. Singer, quien destaca lo peculiar de la interpelación de Rebeca a Dios cuando estaba sufriendo los dolores del parto: ella no pide a Dios que cese su dolor, sino que le pregunta el porqué de tanto sufrimiento.

En otras palabras, en medio de ese momento tan difícil, la preocupación de Rebeca se dirige al sentido de su vida, y su ansia de trascendencia no puede distraerse ni siquiera por el dolor más intenso. Es una escena extraordinaria, porque con unas pocas palabras retrata con fidelidad la profundidad del alma de Rebeca, y no deja lugar a dudas de que fue una gran mujer.

Se ha discutido y argumentado extensamente sobre los aspectos éticos de las conductas posteriores de Rebeca, incluyendo, por supuesto, engañar a su marido para que su hijo preferido Jacob obtuviera las bendiciones originalmente dirigidas a su otro hijo,

Esaú. A la luz de la notable observación de la rabina Singer, es posible entonces concebir una explicación alternativa a la más obvia y superficial de una preferencia meramente subjetiva y sentimental, como suele por lo demás suceder inexplicablemente muchas veces con los hijos. En su ansia de sentido para su vida, Rebeca no puede haber evitado pensar en la trascendencia de su familia, y en su intuición de madre y matriarca su decisión fue que Jacob era en esa etapa temprana la verdadera semilla de Israel.

Por supuesto, todas las interpretaciones y explicaciones que ideamos para los sucesos de la Biblia son necesariamente muy personales e intrínsecamente debatibles, y nunca concitan consenso en nuestra comunidad. Sin embargo, ya es hora de que dejemos espacio para visualizar el rol fundamental que tuvieron nuestras matriarcas en el nacimiento del pueblo judío, reconociendo su protagonismo a pesar de las determinantes antropológicas y culturales de hace 3000 años que limitaron la aparición de mujeres en el texto bíblico. Tenemos que atrevernos a leer la Biblia con la sensibilidad religiosa y cultural de nuestro tiempo.

2022

La ausencia de base bíblica para la subordinación de la mujer al hombre

Parashá Vayetze (Génesis 28:10-32:3)

Mejor para mí dártela a ti que a otro hombre
Génesis 29:19

Es una afirmación tan gráfica que vale por mil palabras: «Mejor para mí dártela…». La opinión y sentimientos de la hija no existen, ella es una cosa, y su dueño decide totalmente su futuro. Labán dispone de sus hijas a su entera y absoluta conveniencia, de acuerdo con el estatus legal y ético de la mujer hace tres mil años, que es el que impera en la Torá. La mujer en aquella lejana época es un objeto, no es un sujeto de derecho. Y esta realidad, junto a la poligamia y la esclavitud, son factores que condicionan los dramas que se suceden uno tras otro en el relato bíblico. Como era de esperar, nuestro patriarca Jacob no duda en negociar con Labán la adquisición de su futura esposa.

El rol subordinado al hombre de la mujer en la Biblia nos parece lejano, pero es una de las conductas ancestrales que ha sido más difícil cambiar en la historia. Hasta el día de hoy, en la mayor parte del mundo, hay una variedad de roles y funciones sociales que están vedados de hecho o por trabas legales a las mujeres. Incluso en países que se jactan de la igualdad entre hombres y mujeres, como Chile y EUA, por ejemplo, generalmente ellas tienen salarios más bajos que ellos ejerciendo cargos idénticos en empresas privadas y en el aparato público, y hay profesiones y funciones con una notoria ausencia de mujeres. Por supuesto que estamos hablando de los roles dominantes en la sociedad: gerentes, gobernantes, etc.

Y la violencia de hombres contra sus parejas y parientes mujeres sigue siendo una pandemia en lugares tan distantes como Chile y Pakistán, en los cuales la violencia contra la mujer está firmemente enraizada en las costumbres populares. En Chile ocurren todos los meses varios femicidios, y en Pakistán, a pesar del endurecimiento de las leyes, no se ha podido erradicar la costumbre de los «asesinatos de honor», en los cuales los parientes masculinos tienen el derecho tradicional de matar a cualquier mujer de la familia para proteger el honor familiar.

No hay nada en lo universal de la Biblia que justifique el rol de la mujer subordinado al hombre en ninguna esfera de la vida familiar y social. Porque una cosa son los relatos de las costumbres de esa época, y otra son las enseñanzas éticas universales sumergidas en la descripción de acontecimientos históricos, y que escudriñamos todas las semanas estudiando de la mano de nuestros sabios y guías espirituales. Porque estudiar la Torá cotidianamente buscando el sustento para una vida religiosa demanda algo bien diferente a la memorización perfecta y lectura literal de cada versículo bíblico. La vida religiosa moderna es un anhelo de lo universal y eterno en un texto escrito hace más de tres mil años, y lo trascendente desde el punto de vista ético, que nos llega hasta hoy desde aquellos tiempos, excluye totalmente la subordinación de la mujer al hombre en la familia y en la sociedad.

Entonces, no podemos sorprendernos por el estatus de la mujer en la Biblia, porque la triste verdad es que aún nos falta mucho para el reconocimiento pleno, consciente y efectivo de la igualdad en la dignidad de todos y todas. Cierto es que hoy hemos dado el paso gigante de reconocer el problema de los femicidios, la violencia sexual y los crímenes de guerra. Pero, es una tarea religiosa en curso educarnos todos y todas en el respeto irrestricto a la dignidad humana.

2016

Jacob, el antihéroe en la Torá

Parashá Vayishlaj (Génesis 32:4-36:43)

> *Tu nombre será Israel,*
> *porque luchaste con lo divino y*
> *lo humano, y persististe a pesar*
> *de lo difícil que fue*
> Génesis 32:29

Cuando vemos la personalidad de Jacob a través de sus conductas en la Torá, somos testigos de su egoísmo y desamor por su hermano, negándose a regalarle un plato de comida, pero dispuesto a cambiárselo por la primogenitura. Luego, muestra su falta de respeto por su padre al no dudar en disfrazarse para mentirle y obtener así de manera fraudulenta las bendiciones originalmente destinadas para su hermano. Estos rasgos de Jacob han llevado a muchos a preguntarse cómo un personaje así pudo haber sido elevado a la categoría de patriarca del judaísmo, ya que parece ser más bien un antihéroe que uno de los héroes épicos tan característicos de las epopeyas de la antigüedad.

No hay una respuesta directa a esta pregunta en la Biblia, pero los hechos posteriores muestran a un Jacob diferente, que ha cambiado con la vida, que lucha internamente sin cesar con sus contradicciones, aspiraciones y culpas (Génesis 32:29), y que devuelve las bendiciones a su hermano (33:11), con quien finalmente se reconcilia en un gran abrazo de amor filial (33:4), a tal punto que ambos se reúnen para sepultar a su padre (35:29).

El nuevo Jacob no es un superhéroe épico y perfecto, sino alguien mucho más cercano a nosotros que, caminando cerca de Dios, pudo superar sus humanas limitaciones y aprender de la vida para por fin acercarse a reparar sus errores de juventud. Con muchos menos detalles, podemos inferir que su hermano Esaú vivió un proceso similar, porque el abrazo del reencuentro muestra el llanto emocionado de ambos.

Ahora, podemos vislumbrar la vida que nos ofrecen la Biblia y la religión, que descansa en el testimonio de los héroes bíblicos tales como nuestro patriarca Jacob, quienes en su aterrizada humanidad tuvieron la porfiada tenacidad para luchar con lo divino y lo humano en sus corazones y así finalmente acercarse a lo mejor de sí mismos. Y este es, al fin y al cabo, el camino para ser verdaderamente humanos que representan Dios, la Biblia y la religión.

2022

La importancia de saludar

Parashá Vayeshev (Génesis 37:1-40:23)

> *Y cuando sus hermanos vieron*
> *que su padre lo amaba más que a ellos,*
> *lo odiaron, y no podían saludarlo*
>
> Génesis 37:4

Estamos bien entrados en el siglo XXI, el ser humano ha estudiado la Torá durante siglos, y todavía hay muchos pasajes de la Biblia cuyo significado se sigue enriqueciendo con nuevas interpretaciones que expanden su significado hacia los confines de nuestra experiencia religiosa y espiritual.

Uno de esos ejemplos aparece en la *parashá* de esta semana, cuyo versículo 37:4 ha sido traducido por versiones judías y cristianas como: «Y cuando sus hermanos vieron que su padre lo amaba más que a ellos, lo odiaron, y no podían hablar pacíficamente con él (José)». Esta versión tiene sentido y concuerda con el relato posterior. Sin embargo, el académico y rabino Richard E. Friedman plantea que el final de este versículo (אלו ולכי ורבד לשלם...) en realidad se puede estar refiriendo al saludo tradicional hebreo *shalom* ('paz'), de manera que una traducción literal diría: «Y no podían decirle *shalom*». Así, la traducción interpretativa diría «y no eran capaces de saludarlo» o, simplemente, «no lo saludaban».

Esta opción es más natural y comprensible en el contexto del relato y de su idioma que las propuestas por otros autores.

Entonces, y gracias a esa precisión idiomática, aparece un nuevo elemento en la convivencia entre hermanos y, en realidad, en la convivencia entre los seres humanos: el saludo. Ocurría que los hijos de Jacob no se saludaban entre sí, intercambiaban palabras, pero no eran amistosas ni fraternas, como se muestra en los versículos posteriores al 37:4.

¿Hubiera hecho alguna diferencia que se saludaran entre los hermanos? Por supuesto que sí, porque la disposición anímica para saludar es un primer paso en la construcción de la convivencia humana, y en su cotidiana formalidad renueva o siembra semillas de los sentimientos de amistad. Así, negar el saludo es muchas veces, como lo fue en el caso de los hermanos de José, el primer paso de una serie de agresiones que escalan con el tiempo y destruyen la familia y la armonía social.

Especialmente en situaciones de alta conflictividad y carencia de amistad, mantener la formalidad del saludo representa la esperanza de no perder enteramente la convivencia pacífica, y es una condición para que se pueda restablecer o construir la armonía fraterna y social.

2017

Se necesitó al más poderoso
y al más débil para superar la crisis

Parashá Miketz (Génesis 41:1- 44:17)

Y había un joven hebreo,
un esclavo del jefe de los guardias,
que nos dijo el significado de nuestros sueños
Génesis 41:12

La autoridad más poderosa de Egipto necesitó la colaboración de José, un preso extranjero en las oscuras cárceles del imperio, probablemente el peldaño más bajo en la escala social, para enfrentar exitosamente la larga y dura sequía que se venía para la majestuosa civilización egipcia. Y lo lograron, Egipto sobrevivió, y hoy es el heredero directo de la sociedad que conoció a José, con una línea de tradición continua desde aquellos tiempos. Y lo mismo se puede decir de la civilización religiosa que es el judaísmo, que durante más de tres mil años ha mantenido su fidelidad al Dios de Israel.

Una de las enseñanzas de esta *parashá* es que superar un problema tan grande como la larga sequía que terminaría con la producción de alimentos en toda la tierra, que José predice, necesita la colaboración de todo el espectro social. Tanto los faraones como los más humildes podemos y debemos colaborar para enfrentar los grandes problemas y crisis sociales.

José, desde su larga experiencia en los peldaños sociales más bajos, como esclavo, sirviente y preso, tenía una visión de las cosas naturalmente más cautelosa y previsora que la del faraón, que nunca necesitó ser ni cauteloso ni previsor, porque su enorme poder social, político y económico le permitió enfrentar todo tipo de problemas sin correr muchos riesgos personales. En la vida social, ambas visiones y maneras de ser, la de los menos favorecidos y la de los que tienen más, pueden y necesitan complementarse para enfrentar los problemas que desafían el bienestar y muchas veces la existencia misma de los países e imperios.

Los problemas que tenemos en la sociedad moderna son tan importantes para el futuro de los países como la sequía que llegaba al imperio del faraón que conoció a José. El calentamiento del planeta, la sequía mundial, el empobrecimiento de vastos sectores de la sociedad que es consecuencia de la acumulación de toda la riqueza en el 1 % de la población mundial, y la crisis de la moral en la vida pública, son todos problemas que amenazan la vida humana. Para superarlos es indispensable que colaboremos todos, ricos y pobres, en las estrategias y acciones que tenemos que adoptar lo antes posible si queremos que nuestros hijos e hijas tengan posibilidades de vivir en un mundo mejor que el que les estamos dejando.

Si no conseguimos establecer una colaboración entre todos los sectores sociales, a la manera de lo que pudieron hacer el faraón y José, nuestra sociedad no sobrevivirá tal como la conocemos a la sequía y la crisis ambiental, social y política que viviremos en los años venideros.

2019

No avergonzarás a tu prójimo en público
Parashá Vayigash (Génesis 44:18-47:27)

... y ordenó que los egipcios se retiraran...

Génesis 45:1

Una pregunta clásica en el estudio de la Torá es por qué José hace salir a sus subordinados antes de decir la verdad a sus hermanos. Hay varias posibles interpretaciones, pero una preferida por nuestros exégetas de todos los tiempos, y muy pertinente para nuestra vida hoy, tiene que ver con el sentir del prójimo cuando decimos las cosas. Muchas veces nos escudamos en la verdad para avergonzar al otro en público, pero este ejemplo de José nos ilustra la importancia que tiene en la Biblia evitar avergonzar al prójimo ante los demás. La verdad no es excusa para herir en la Biblia, y esto es una de las enseñanzas que olvidamos frecuentemente. José evitó avergonzar a sus hermanos públicamente.

Hace poco, un parlamentario chileno insultó con gruesos epítetos a un conocido empresario, muy exitoso pero cuestionado por muchos por el impacto social y ambiental de sus inversiones. ¿Tenía razón el diputado al insultar públicamente a tal empresario? Por supuesto que no, aunque tal vez haya dicho una gran verdad. Humillando públicamente a tal personaje público no consiguió la solución a los problemas, y los hizo más difíciles al cerrar las puertas al diálogo y al entendimiento.

Podemos imaginar qué habría ocurrido si el poderoso José hubiera pronunciado delante de toda la sociedad egipcia, su duro recordatorio: **«Sí, yo soy José, su propio hermano, que ustedes vendieron a los madianitas»**. ¿Hubiera sido entonces posible que los recibieran tan amablemente como ocurrió, con los egipcios alegrándose por la buena suerte de José a quien amaban como uno de los suyos y por cuya familia ahora tuvieron grandes muestras de afecto? (Génesis 45:17-20). Avergonzar a sus hermanos en público hubiera cambiado la historia que relata la Biblia, y tal vez no existiríamos como la civilización religiosa que somos hoy en día.

La vida en las sociedades modernas necesita altos niveles de civilidad, esta importante capacidad para convivir en paz aceptando y tolerando las diferencias religiosas, políticas, sociales, étnicas y de todo tipo. Y esto no es un asunto trivial, ya que esto no ha sido la norma en la historia, con trágicas consecuencias.

En nuestro país, estamos perdiendo esa capacidad de convivir armoniosamente, argumentando y ventilando nuestras diferencias con reglas del juego que hacen posible vivir en paz. No es un asunto trivial, la última dictadura militar en Chile fue el resultado directo de la pérdida paulatina de la capacidad de conversar y solucionar nuestros problemas mediante acuerdos entre grupos que pensaban diferente. La conversación pública terminó por hacerse imposible ante las ráfagas de insultos que perseguían avergonzar y humillar al otro, que pasó de ser adversario a ser enemigo. No podemos permitirnos volver a tales tiempos.

Todavía, hoy en muchas partes del mundo las cosas se resuelven con balas y descomunal violencia física, es cosa de mirar los casos de Siria y Colombia, donde la incapacidad de vivir de forma civilizada terminó explotando en guerras tan inhumanas como las peores de la historia, con grupos buscando el exterminio físico del otro. Las peores muestras de violencia criminal en la historia han empezado con palabras que humillan y degradan a personas y grupos enteros. Nosotros, menos que nadie, podemos olvidarlo.

La violencia social empieza muchas veces olvidando la enseñanza de José, que evitó avergonzar a sus hermanos en público, permitiendo así su reconciliación familiar y nuestra existencia como judíos hoy.

2016

La muerte digna en medio de la pandemia de la COVID-19

Parashá Vayeji (Génesis 47:28-50:26)

Israel dijo a José: aquí yo estoy muriendo
Génesis 48:21

Es una de las escenas familiares más hermosas de la Biblia: el abuelo Israel se despide con amor y dignidad de su familia, que está con él cuando llega su tiempo de morir, bendiciendo a su descendencia y recordando a su amada esposa, que partió mucho antes que él. Tan importante como lo que aparece en esta prolongada despedida es lo que no aparece: no hay gestos de rebeldía ante la muerte ni peticiones a Dios por una vida más prolongada, simplemente es el tránsito natural y digno por la etapa final de la vida. La muerte de Israel en medio de su familia es una descripción casi científica, antropológica, de la manera natural y religiosa de vivir el término de nuestra vida. Fallecer a la manera bíblica, en paz y acompañados por la familia, es un ideal que hoy pocas veces podemos alcanzar.

Una afortunada expresión cristiana resume bien las últimas etapas de la vida de Israel: el «buen morir», que significa llegar a la etapa final de la vida en paz con Dios, y, por supuesto, con el prójimo. Es lo que hace Israel en los versículos finales del libro de Génesis. Un poco más adelante vemos la muerte de José, que se va con la misma paz y tranquilidad de su padre.

Una de las tragedias de la vida moderna es que está totalmente medicalizada, y creemos que, para todo, incluso la muerte, existe una píldora, un remedio, un tratamiento. Hemos eliminado de nuestra educación la reflexión sobre el buen morir. La manera más efectiva que tiene la psicología humana para protegernos de la angustia y del estrés del miedo es la negación. Así, toda la sociedad ha borrado a la muerte como una etapa natural de la vida, y no la estudiamos ni queremos pensar en ella. Entonces, la muerte nos pilla en su totalidad desprevenidos y no preparados para dejar la vida con la dignidad que vemos en Israel y José.

Los espectaculares avances de la ciencia y de la medicina han hecho posible prolongar la vida humana mediante medios artificiales hasta prácticamente el infinito, y hoy se puede mantener a un cuerpo con signos vitales por un tiempo increíblemente prolongado usando los recursos tecnológicos más avanzados, lo que a muchas personas les hace abrigar la esperanza de que podrán evitar la muerte incluso en las circunstancias más extremas.

La pandemia de la COVID-19 agregó el toque deshumanizador de morir separado de los demás en medio de una burbuja de vidrio y plástico y físicamente aislados de todo ser humano y de la familia, para no contagiarlos con el virus.

Si tuviéramos la conciencia y el anhelo del buen morir, y el deseo de hacerlo con dignidad y acompañados por la familia y seres queridos, ya habríamos diseñado maneras para fallecer a la manera bíblica, incluso en la circunstancia extrema de la infección por la COVID-19. Hoy en día, tenemos los medios tecnológicos y los conocimientos para acompañar el fallecimiento de manera segura de todo ser humano, incluso aquel afectado por la más contagiosa de las enfermedades.

Lo que ocurre es que no estamos educados para la etapa final de la vida, y así muchas veces planificamos hasta el más mínimo detalle qué pasará con nuestros bienes y cómo se repartirán entre los herederos y herederas, pero dejamos fuera lo más importante, que es cómo vamos a transitar por los momentos finales de nuestra vida. Uno de los desafíos éticos más fundamentales que nos plantea la pandemia de la COVID-19 es diseñar e implementar la manera bíblica del buen morir para los momentos finales de los pacientes infectados por esta penosa enfermedad.

2020

Éxodo

Las primeras matronas y el respeto a la vida

Parashá Shemot (Éxodo 1:1-6:1)

El rey de Egipto habló a las matronas hebreas
Éxodo 1:15

La mayoría prefiere traducir la expresión hebrea המילדת (Éxodo 1:15) como 'parteras', pero este término hoy suena peyorativo, lo que no hace justicia al rol social de las mujeres que durante milenios tuvieron la alta responsabilidad de facilitar el parto. Para ser partera, había que recibir un entrenamiento largo y al lado de las más experimentadas, que habían ejercido tal función por varios años; era un conocimiento práctico, basado en la experiencia y mitos de cada época. Entonces, usar la palabra «matrona» refleja mejor lo que el texto en realidad quiere decir, porque el faraón se dirigió a las profesionales de la salud de aquella época cuya función era facilitar el parto, evitando las complicaciones que ponen en peligro a la madre y a la vida que está naciendo.

Sin embargo, el faraón les pide algo contrario a su vocación de matronas y les ordena que asesinen a los niños y dejen vivir a las niñas. El texto menciona los nombres de dos de las matronas que recibieron la terrible orden, Sifra y Fua, que estaban entre las heroínas que desobedecieron la orden del faraón porque temían a Dios (Éxodo 1:17).

Tan grande era la importancia y respeto hacia las matronas en la época bíblica que el faraón no se atreve a castigarlas después que lo desobedecen, a pesar de que esto era un delito gravísimo en la sociedad egipcia, dado el carácter divino que se le atribuía al faraón. Probablemente, el castigo a las matronas hubiera sido repudiado por el propio pueblo egipcio y podría haber desencadenado una rebelión entre los hebreos. Y probablemente también el faraón les tenía respeto y estima por su importante labor, de manera que decidió perdonarlas.

La matronería u obstetricia no es muy visible hoy en las noticias ni en el discurso público ni en la conversación privada, a pesar de que su función sigue siendo tan esencial como antes. Gracias al desarrollo de esta profesión, hoy la mortalidad infantil y de la madre por complicaciones del parto es la más baja de la historia. Uno de los últimos avances de la matronería es la reciente incorporación de hombres, que se denominan matrones, lo que responde a la creciente igualdad de género en nuestra sociedad.

Sifra y Fua son las primeras matronas de la historia cuyos nombres conocemos. Ellas y sus colegas hicieron honor a uno de los más sagrados deberes religiosos: respetar y proteger la vida de las y los niños recién nacidos.

Sin embargo, tristemente, lo que ha pasado en todo el mundo y durante siglos no ha sido el asesinato masivo y selectivo de los niños, sino de las niñas, inmediatamente después del parto, especialmente en las sociedades más pobres y agrícolas, porque ellas se consideraban una carga y los niños, en cambio, podían trabajar desde sus primeros años de vida y después mantenían a su padre y madre en la vejez. Hasta hace relativamente poco tiempo, las estadísticas de organismos internacionales mostraban que, al nacer, la proporción de niños y niñas era igual, alrededor del 50 % respectivamente, pero que en la adolescencia había más niños que niñas. La investigación antropológica demostró que esta mortandad diferencial se debía al infanticidio selectivo de las niñas.

Sifra y Fua casi nunca se mencionan en los estudios históricos ni religiosos, pero nos legaron su testimonio de validez universal y eterna del respeto incondicional a la vida del ser humano desde sus inicios.

2021

Y se tiñeron las aguas de la sangre de Nicolasa Quintreman

Parashá Vaera (Éxodo 6:2-9:35)

Pero ellos, asustados por la dureza
de su esclavitud, no lo escucharon
Éxodo 6:9

El Éxodo es la historia de la liberación de los hebreos de la esclavitud. Es un arquetipo de las luchas de liberación; pero no es una liberación nacional lo que está en juego, es la del corazón. Y no es la potencia militar el arma de la opresión, es el poder religioso e ideológico. Ante el impresionante ejército de dioses de la dictadura del faraón, había un Dios único que no tenía siquiera una imagen; en cambio, el faraón era uno más entre sus dioses, ajustando su ética a sus necesidades terrenales. Delante de Dios, en cambio, Moisés es socio en la construcción de un mundo mejor. Un dictador es posible porque hay oprimidos que aprenden a ser felices en su carencia de dignidad, y así como el Éxodo muestra la importancia del líder, también enseña que un pueblo necesita convencerse de su propia ansia de libertad (Éxodo 6:9).

Hoy, las esclavitudes son más sutiles, pero inmensamente más opresoras y duraderas, porque parten del propio corazón de los oprimidos, que atesoran su esclavitud con un ansia que reemplaza a los mejores guardianes de los campos de concentración. Ya no hacemos ladrillos para las construcciones faraónicas. Las unidades de la construcción de los monumentos del sistema económico son las cuotas del crédito usurero disfrazado de oportunidad única e imperdible.

Si antes teníamos que juntar la paja de cada ladrillo que salía de nuestras manos, ahora recogemos cada centavo de nuestros salarios para fabricar las nuevas pirámides que necesita el dios Mercado. La nueva pirámide es el *Mall*, así con mayúscula, para no profanar la santidad protectora de toda crítica que el dios Mercado confiere a estas enormes estructuras monstruosas que brotan como forúnculos en las caras de nuestros barrios. Las nuevas pirámides son las represas hidroeléctricas, cuyas andinas aguas fueron regaladas a empresas transnacionales por sacerdotes paganos de la religión del neoliberalismo. Así como ayer los esclavos hebreos eran transados como cosas, hoy el dios Mercado dispone de las vidas de los esclavos modernos, que no podemos usar libremente las aguas del Nilo cordillerano que Dios nos dio y que hicieron posible la vida a la sombra de la madre Cordillera.

Durante siglos incontables, la Cordillera se acostumbró a acumular el agua durante el año, pacientemente, para que los mapuches, los aimaras, y los que llegamos después, pudiéramos beberla, refrescarnos, y alimentar nuestros cultivos. El faraónico Mercado está cerrando los ríos en estos largos años de escasez de agua que se nos vinieron encima, y la acumula en enormes lagunas artificiales donde el faraón de turno echa unos pocos peces para darnos la ilusión de la Madre Naturaleza. Y esa agua pertenece ahora a poderosas empresas eléctricas cuyas fortunas construimos nosotros, paciente y alegremente, mes a mes, ladrillo a ladrillo. Los pueblos originarios no pueden entender. Ojalá que nunca lo entiendan. Ojalá que tengamos el valor de escuchar a Moisés, que veamos los signos y entendamos. Ojalá que nos atrevamos a caminar hacia la libertad de toda la Tierra, de todos nosotros.

¿En qué pensabas Nicolasa Quintreman cuando caminaste por última vez hacia las aguas que la Central Ralco puso frente a tu ruca? Ciega ya de tus ojos, tal vez tu gredoso corazón solo quería visitar a los tuyos, aplastados por los millones de litros de agua que pusieron sobre tus cementerios ancestrales. Y fue así este primer signo de estos tiempos, de los muchos que se necesitarán para abrir los ojos de todos. Las aguas de Ralco se tiñeron de sangre. Tu sangre, amada bigotuda ancestral, terrosa y digna hasta el dolor de todo tu pueblo que te dejó sola, al lado de las aguas profanadas por el dios Mercado. Prometo no olvidarte, Nicolasa. Prometo no olvidar nada ni a nadie.

Prometo no rendirme nunca hasta que tu agua, nuestra agua, herencia de Dios para toda la Humanidad, sea de nuevo tan libre como el aire y como tu poderoso espíritu pehuenche. Todo el honor y toda la gloria para Nicolasa, madre, hermana y maestra.

> Endesa llegó con mucha mentira y engaño. Van
> a cambiar calidad de vida, van a tener todo bueno,
> le decían a la gente. De todo le vamos a dar, tierras,
> animales, así iban diciendo. Y así la gente comen-
> zó a firmar, de a poco. Cuando llegaron a mi casa
> yo les dije: «Yo seré pobre, seré como seré, pero
> no me moveré de donde me dejaron mis mayores.
> Yo seguiré donde me crie, donde me nacieron,
> ustedes se van, vayan a engañar a la gente a otra
> parte» (Palabras de Nicolasa Quintreman, graba-
> das en 2005 por el cineasta catalán Manel Mayol).

2013

Martin Luther King Jr., el profeta del servicio

Parashá Bo (Éxodo 10:1-13:16)

Libera a mi pueblo para que me pueda servir
Éxodo 10:3

Todo el mundo puede ser grande
porque todo el mundo puede servir
Martin Luther King Jr.

Los jóvenes recién egresados del liceo en nuestro país están en esta época tratando de entrar a las universidades e institutos de la educación superior, que trágicamente solo tienen espacio para acoger a uno de cada cuatro de ellos. Vivimos la época de la educación institucionalizada y especializada, y ellos no pueden escapar a sus ventajas ni menos a sus limitaciones, de las cuales la más grave es su alto grado de especialización, que hizo quedar en el pasado remoto el objetivo clásico del saber: ser mejores, a través del amor a la sabiduría y el cultivo del conocimiento.

La historia del divorcio entre el conocimiento y la virtud moral fue resumida recientemente en un entretenido ensayo de Roberto Frodeman y Adam Briggle, *When Philosophy Lost Its Way,*[1] que

---

1. opinionator.blogs.nytimes.com

describe cómo llegamos al estado actual de nuestro sistema de conocimiento especializado, en que la filosofía parece haber renunciado definitivamente a su tradicional rol de integrar y explicar el ser y el hacer de manera coherente y virtuosa.

Pues bien, es dramático que también la teología ha seguido un curso paralelo a ese, desde los tiempos en que los estudiosos de la religión estaban dispersos en monasterios y centros de reclusión donde se cultivaba la relación con Dios, incluyendo la reflexión filosófica y el desarrollo de las prácticas y ritos. Hoy, hay un número muy reducido de escuelas verdaderamente universitarias de teología, entendida como el estudio creativo de Dios y sus manifestaciones en nuestro mundo cada vez más cambiante. Esto último se contrapone al estudio dogmático de verdades inconmovibles, a las cuales hay que adaptar el nuevo mundo que se nos avecina, que caracteriza a los fanatismos religiosos.

El llamado de Dios a la libertad para servir, de Éxodo 10:3, y que aparece muchas veces en la Biblia, contiene implícito el deber de estudiar para servir. Una lectura inexperta dirá que Dios es egoísta y que solo quiere que lo sirvamos a él. Profundo error. Fue Abraham J. Heschel quien descubrió en su reflexión filosófica y teológica que servir a Dios significa descubrirlo y amarlo en la Historia, en la Biblia, y en la Naturaleza, lo que implica aprender a verlo en nuestro prójimo, porque sin el ser humano nada de eso tiene sentido religioso. Entonces, servir al prójimo es lo mismo que servir a Dios.

Y uno de los mejores amigos de Abraham J. Heschel, el Reverendo Martin Luther King Jr., encarnó tal ideal bíblico del servicio a Dios en el prójimo, encabezando la dura lucha por los derechos civiles en los Estados Unidos, que a la larga hizo posible que el presidente de los Estados Unidos sea hoy Barack Obama. Martin Luther King demostró que la religión está muy lejos de ser el opio del pueblo, como alguien que no conocía ni a Dios ni a la religión ni al pueblo alguna vez dijo. Porque servir a Dios y servir al prójimo es absolutamente lo mismo, y son inseparables a menos que uno traicione tanto a Dios como al propio ser humano.

Recordemos este 15 de enero al gran profeta del servicio que fue Martin Luther King Jr., hermano nuestro en su fe en Dios, y compañero de ruta en las luchas por los derechos civiles que todavía tenemos por delante en nuestro país y en tantas partes del mundo.

2015

El miedo en tiempos
de cambios sociales

Parashá Beshalaj (Éxodo 13:17-17:16)

Los israelitas están viviendo el más grande cambio social de su historia, nada menos que viajando hacia su libertad; pero añoran su esclavitud, como queda demostrado en Éxodo 14:12. Desde aquellos lejanos tiempos hasta ahora, la historia nos muestra que uno de los temores más atávicos del ser humano es el miedo a la libertad, que se manifiesta también como el temor al cambio y a la novedad. Y, como era de esperar, esto también está presente entre nosotros, en el Chile de hoy.

Porque lo que estamos viviendo en todo el mundo es un cambio de magnitudes cósmicas, multidimensional y total: es generacional, es ético, es político, y es filosófico. Este proceso ha irrumpido en la conversación y atención social cotidiana, e incluye la marea incontenible del feminismo, que ha determinado el resultado de varias elecciones presidenciales. También incorpora al ecologismo y su preocupación por la salud de los ecosistemas, y al animalismo con su sensibilidad a los sentimientos de los animales no humanos, y que produjo la aparición exitosa de muchos nichos de negocios que eran impensables hace algunas décadas, como los sustitutos de la carne y de los alimentos de origen animal. Y, por supuesto, no hay que olvidar la creciente sensibilidad a las aspiraciones de las minorías étnicas o culturas originarias, que está produciendo cambios estructurales en los países más desarrollados tecnológicamente del planeta.

Todo esto representa un cambio tan grande con respecto al sistema social tradicional que conocimos hasta hace pocos años que, como era de esperar, se produjo también la reacción conservadora que se opone a este proceso, sin entender que lo que estamos viviendo es un cambio de época, tal como lo fueron, por ejemplo, el fin de la esclavitud y la revolución industrial. La diferencia con otros tiempos es que ahora todo es mucho más rápido, porque la velocidad exponencial del cambio tecnológico aceleró también el cambio social. Los procesos que demoraban siglos y décadas, ahora ocurren en pocos años, y aparece nuevamente el conocido **«¿Acaso no era mejor servir a los egipcios que morir en el desierto?»** (Éxodo 14:12). En palabras modernas: «¿Acaso no es mejor el sistema antiguo que esta anarquía, violencia y desorden social?».

El clan de Moisés experimentó lo mismo que ahora enfrentamos nosotros, el temor ante lo desconocido de las nuevas libertades y referencias éticas y morales. A ellos les tomó cuarenta años madurar y prepararse para su nueva vida, pero nosotros no tenemos tanto tiempo, porque el cambio es ahora, en este momento en que gracias a los conocimientos científicos que permiten prolongar la vida humana, varias generaciones, incluyendo a bisabuelas, abuelos, e incluso las hijas de nuestras hijas, vivimos juntas codo a codo la diseminación incontenible de los nuevos referentes morales de la ecología y el feminismo, y de la inclusividad que acoge desde las más diversas manifestaciones de la sexualidad hasta las culturas minoritarias, tradicionalmente ignoradas por la mayoría.

El temor no interrumpió la historia durante el viaje del clan de Moisés hacia la Tierra Prometida, y tampoco frenará hoy el cambio social cósmico que estamos viviendo a nivel mundial, porque este obedece a las fuerzas del progreso moral de la sociedad hacia niveles superiores de convivencia, fraternidad y equidad. La Biblia y la Historia nos enseñan que estos procesos son difíciles y traumáticos, y podemos estar seguros de que también lo serán ahora.

2022

A construir la hermandad de los Diez Mandamientos

Parashá Yitro (Éxodo 18:1-20:23)

Y Dios habló todas estas palabras diciendo:
Yo soy Adonai tu Dios
Éxodo 20:1

Los Diez Mandamientos son centrales en las tres grandes religiones monoteístas de la actualidad: el judaísmo, el cristianismo y el islam. Por lo tanto, representan un punto natural de encuentro y una oportunidad teológica sobre la cual reparar y construir nuestras relaciones interreligiosas, todavía fragmentadas por siglos de intolerancia. Hoy en día, esto es necesario más que nunca, ya que las comunicaciones modernas pueden amplificar hasta el infinito el alcance del mal y de los mensajes de odio, haciendo que la convivencia fraterna sea imposible. Los profetas del odio lo saben, y todos los días vemos evidencia del poder maléfico de su palabra destructora.

Tal vez uno de los deberes religiosos más universales e imperiosos de hoy sea reconocernos judíos, cristianos y musulmanes como hijos de Dios, a quienes se nos ha encomendado la responsabilidad de humanizar la humanidad, a partir de los Diez Mandamientos.

El valor moral de la compasión, que es central en el judaísmo, el cristianismo y el islam, ha motivado innumerables muestras de solidaridad de judíos y cristianos con aquellos que son perseguidos por su religión musulmana en varios países occidentales. Aunque no se divulgue mucho en la prensa, la solidaridad de cristianos y musulmanes salvó a miles de judíos de la muerte durante la Segunda Guerra Mundial. Asimismo, miles de cristianos hoy escapan del fanatismo de algunas corrientes del islam gracias a sus amistades musulmanas que los defienden abiertamente. A veces, parece que la prensa está más interesada en divulgar las muestras de intolerancia religiosa para vender a través del sensacionalismo barato que en dar a conocer las cosas buenas que ocurren todos los días precisamente gracias a quienes tratan de vivir los Diez Mandamientos en sus vidas cotidianas.

No cabe duda de que las muestras de amistad y tolerancia interreligiosa en el mundo son mucho más frecuentes que las manifestaciones de odio racial y religioso. Es cuestión de buscar la información en internet para darse cuenta de esto, pero las cosas buenas no son titulares convenientes para los mercaderes de la información, ya que no ayudan a vender más. Así, los crímenes de todo tipo dominan las portadas principales de los periódicos y de la televisión.

Hoy en día, tenemos la oportunidad inédita de que el más poderoso medio de comunicación global de la historia, la internet, está disponible prácticamente para cada habitante del planeta. Nunca fue posible como ahora hablar con todos las palabras de paz, hermandad y amor, que son los Diez Mandamientos. Podemos utilizar esa increíble tecnología para hacer de estos Mandamientos el eje que nos una en torno a iniciativas de reparación de nuestro fragmentado mundo. En esto, la mayoría de los judíos, cristianos y musulmanes no podremos evitar estar de acuerdo. Y será el comienzo de los mejores tiempos que vendrán cuando la humanidad se atreva finalmente a recibir la invitación a llevar vidas consagradas al bien que Dios nos hizo en aquel lejano Monte Sinaí, así como en tantas otras oportunidades en la historia. Ya es hora de que lo escuchemos.

2017

No más cárceles,
más educación

Parashá Mishpatim (Éxodo 21:1-24:18)

Estas son las leyes que pondrás delante de ellos
Éxodo 22:1

Haremos todo lo que Dios dijo (que hiciéramos)
Éxodo 24:3

Una de las cosas inquietantes del último tiempo es la generalizada falta de acatamiento de las leyes en todos los sectores de la sociedad. Los ricos engañan a los pobres cobrando con usura por servicios esenciales y tuercen las leyes para evadir impuestos. Los pobres evaden el pago del pasaje del transporte público a niveles tan masivos que ponen en riesgo la viabilidad económica de todo el sistema y usan estrategias similares de engaño para usar indebidamente el sistema público de salud.

El deporte más popular, el fútbol, está a merced de bandas de aficionados que no respetan los sentimientos de nuestros países hermanos y rayan sus monumentos arqueológicos y patrióticos, como ocurrió en Perú hace algunos años y hace poco en Argentina, respectivamente. Sin olvidar que tampoco respetan en su propio país el derecho del prójimo a ser diferente, ya que agreden de manera criminal a los que denominan «sus enemigos» de otros clubes. En muchos países, los parientes de los gobernantes han sido sorprendidos en negocios inmorales fraguados al amparo del poder político. Además, no se puede pasar por alto la increíble venta de los votos parlamentarios a los grandes intereses económicos, perjudicando así a su propio país y, especialmente, a los más vulnerables.

En nuestras universidades, para evitar el fraude de los alumnos durante las instancias de evaluación, muchas veces hay que usar medidas draconianas de seguridad casi militar porque, dejados a su arbitrio, cursos enteros de cientos de alumnos no resisten la tentación de responder las preguntas de las evaluaciones copiando información por medio de sus dispositivos electrónicos y otras estrategias.

Tenemos en nuestras manos una crisis profunda, extensa y transversal en toda la sociedad: cada vez hay más amplios sectores que eligen no respetar las leyes. Y una consecuencia de esto es su propia demostración: las cárceles ya no dan abasto para tantos transgresores. Por supuesto, las medidas de las últimas décadas, tomadas por gobiernos de diferentes signos políticos, no han tenido efecto positivo alguno, como siempre ocurre cuando ignoramos las enseñanzas básicas de la Biblia. Podremos seguir aumentando los policías en las calles, construyendo más cárceles y redactando más leyes, pero la evidencia ya debería habernos enseñado que nada de eso servirá.

Antes que ninguna otra, la primera ordenanza de las leyes de Mishpatim es básica y simple: «Pondrás las leyes delante de ellos» (Éxodo 22:1). Nuestros comentaristas bíblicos, clásicos y modernos, han entendido que este primer versículo se refiere al deber de enseñar a todos el conocimiento de las leyes y que este conocimiento es el deber de todos, y nunca el privilegio de unos pocos (por ejemplo, ver Etz Hayim, JPS 2001, pág. 456). Solo después aparece el acatamiento del pueblo; «Haremos todo lo que Dios dijo» (Éxodo 24:3). Demás está decir que este orden no es al azar y que la Biblia destaca que necesitamos entender para luego obedecer.

Es así de simple: la educación es la base del respeto a las creencias y las leyes, en la religión y en la sociedad en general. Es cierto que el temor al castigo y la presión social influyen, pero no reemplazan al respeto libre y motivado desde el corazón de cada ser humano. Y ese respeto nace, crece y se desarrolla solo gracias a la educación permanente: desde la cuna hasta la escuela religiosa, en las familias, en los liceos, en las universidades, en el trabajo, en los medios de comunicación. No más cárceles, más educación, esa es la cuestión.

2016

La urgencia de educar y educarnos para la relación con el prójimo

Parashá Teruma (Éxodo 25:1-27:19)

> *Y que hagan un santuario para mí*
> *para que yo habite entre ellos*
> Éxodo 25:8

Y la explicación de lo anterior, por si quedara espacio para dudas, aparece nítida en la *haftará*[2] que corresponde a la *parashá* de esta semana:

> En cuanto a esta casa que estás edificando, si tú
> andas en mis estatutos, cumples mis ordenanzas y
> guardas todos mis mandamientos andando en ellos,
> yo cumpliré mi palabra contigo, la cual hablé a Da-
> vid tu padre, habitaré en medio de los hijos de Israel,
> y no abandonaré a mi pueblo Israel (Reyes 6:12-13)

El punto importante es que la única manera de cumplir los mandamientos divinos es interactuando con los demás, porque el amor al prójimo, la justicia, la compasión y la caridad, absolutamente centrales a la esencia de la Torá, solo ocurren en la comunidad, en

---

2. *Haftará*: se puede traducir como «para concluir»; es una lectura breve de Profetas que se hace al finalizar la lectura de la Torá en *shabat* y en las fiestas religiosas judías.

la sociedad, en nuestro encuentro real con quienes nos rodean.

Entonces, siendo que las relaciones humanas son el espacio donde albergamos lo divino, o sea, lo mejor del ser humano, es increíble el poco tiempo que dedicamos a aprender a relacionarnos con los demás. No existe en nuestros currículos de la educación formal, laica o religiosa, ningún curso cuyo objetivo educacional primario sea aprender a relacionarnos con el prójimo. No debe llamar la atención entonces la crisis universal de la vida social, porque en todas las latitudes cunde la soledad feliz, que reemplaza la alegría de convivir en el grupo por los placeres sensoriales de la tecnología, sea esta la música, los videojuegos, la televisión, las drogas adictivas, y todo en la soledad de nuestros espacios físicos cada vez más pequeños.

La tecnología está potenciando la carrera hacia un mundo donde las comunidades habrán sido reemplazadas por millones de gente solitaria caminando por sus vidas individualistas, pero unos al lado de los otros, como tomados de la mano, pero con guantes que aseguren la asepsia psicológica total en una convivencia aparente pero vacía de la sintonía espiritual colectiva que es la base de la cultura.

Los textos sagrados que estamos estudiando esta semana también ayudan a entender el deterioro de la vida social, que se manifiesta en la agresividad e intolerancia que abundan en la política, en los deportes, y en las calles y espacios comunes de la ciudad. Estamos perdiendo no solo la vida comunitaria religiosa, sino también la civilidad, es decir, la capacidad de convivir y construir el futuro con la gente que es diferente a nosotros, y no solo con los de nuestro grupo o familia. Porque todo lo bueno que podemos hacer como seres humanos, sea cual sea nuestra cosmovisión religiosa, filosófica o política, solo es posible relacionándonos adecuadamente con quienes compartimos la ciudad, el país y todo el planeta.

2019

De la aristocracia a la meritocracia en la religión

Parashá Tetzaveh (Éxodo 27:20-30:10)

Y se santificará por Mi Presencia.
Yo santificaré el templo y el altar
Éxodo 29:43-44

Los versículos de Éxodo 29:43-44 son de importancia enorme porque reconcilian el desarrollo histórico y teológico del judaísmo con las detalladas descripciones de la construcción del templo y de los ritos de los sacrificios animales, así como de la vestimenta de los sacerdotes. En estos 35 siglos, mucho ha cambiado en nuestra religión, pero obviamente lo central sigue siendo la presencia de Dios en la comunidad y en el mundo. La interpretación literal de estos textos podría llevar a la errónea conclusión de que nuestras sinagogas no pueden ser lugares santos porque hace siglos que no seguimos al pie de la letra las precisas instrucciones bíblicas de estos versículos. Sin embargo, Dios, en su infinita y estremecedora visión de futuro, nos dejó las joyas que representan estos versículos 29:43-44, que dejan claro sin espacio para ninguna interpretación alternativa que no son las cosas las que santifican el altar, a los sacerdotes y a la comunidad, sino que es Su Presencia la que nos brinda la santidad que buscamos en la sinagoga.

Las tres cosas que más han cambiado desde el tiempo en que las palabras de estas *parashot* fueron escritas son, desde luego, la diversificación de un único templo central hacia las innumerables sinagogas en todo el mundo, pero además el reemplazo de los sacrificios de animales por los rezos y oraciones, y el surgimiento de los rabinos como una meritocracia del conocimiento y santidad que reemplazó el papel central de la casta familiar que eran los sacerdotes hasta la destrucción del Segundo Templo.

Exceptuando a grupos judíos ultraconservadores, la función de las castas familiares sacerdotales se redujo a algunos roles rituales. El eje central y orientador del desarrollo de la vida judía hoy lo conducen rabinos que se forman en institutos especiales, y el grado de sacerdote se adquiere por los merecimientos y logros personales, certificados por un tribunal religioso independiente.

La lenta democratización de la sociedad que se ha desarrollado a lo largo de la historia comenzó mucho antes en el judaísmo, cuando los rabinos surgieron como una de las primeras meritocracias en la humanidad después de la desaparición del Segundo Templo. En tiempos en que pensar que el mérito y no la familia determinaba el lugar en la sociedad era una herejía, el judaísmo se atrevió a dar un paso revolucionario, que a la larga permitió su desarrollo, adaptación y supervivencia a los más grandes cataclismos: el lugar en la sociedad se determina por el mérito personal.

2018

¿Los ricos son más caros que los pobres? Una reflexión de bioética religiosa

Parashá Ki Tisa (Éxodo 30:11-34:31)

Todo el que sea censado dará una ofrenda,
el rico no dará más ni el pobre dará menos
que medio shekel
Éxodo 30:14-15

Es curioso que en estos versículos tanto los ricos como los pobres tengan que dar la misma cantidad de dinero. ¿No sería más justo que los ricos dieran más que los pobres? Porque para muchos pobres incluso una pequeña cantidad puede ser un sacrificio enorme, lo que para otros es una cantidad tan insignificante que no puede razonablemente ser denominada sacrificio. Una opción más justa sería que cada uno diera la misma proporción de sus recursos, en vez de una cantidad de dinero fija. Una discusión sobre esto ocurrió hace pocos días en un seminario de bioética en la universidad, donde se examinaban los aspectos éticos de pagar o no a los voluntarios que responden encuestas o donan muestras biológicas tales como pequeñas cantidades de sangre o biopsias, con fines de investigación científica. Y hubo consenso en que es apropiado pagarles lo necesario para movilizarse y algo de alimentación liviana por su participación en el estudio.

El problema es que, para que la muestra sea representativa, es necesario que los donantes provengan de todas las clases sociales, y los gastos corrientes de los ricos y los pobres no son iguales. Si se logra reclutar a voluntarios de los extremos de las clases sociales, los ricos gastarán más dinero que los pobres al participar en el mismo estudio. Unos se movilizarán en sus autos de lujo y otros en el transporte público. Y cuando se trata de su colación, evidentemente que ambos grupos no acostumbran a alimentarse de la misma manera. Y si tienen que dejar de trabajar, su tiempo laboral tampoco tiene el mismo costo monetario. En suma, parece más justo dar a los voluntarios ricos una cantidad de dinero más alta que a los pobres por sus gastos cuando participan como sujetos de investigación en un estudio científico. Entonces, la lógica indica que hay que compensar, ese es el término usado, con más dinero a los ricos que a los pobres que aceptan participar en estas investigaciones.

¿Se le habrá pasado algo por alto a Dios cuando inspiró los versículos de Éxodo 30:14-15, estableciendo que todos paguen lo mismo, sean ricos o pobres? O, tal vez, nosotros no estamos razonando en la misma línea que Dios. Y la explicación parece estar más adelante en estos mismos pasajes. «**... Todo el censado dará una ofrenda... como rescate para que no lo afecte alguna plaga como resultado del censo...**» (Éxodo 30:12). Hay que recordar que en esa época los censos eran símbolos de mala suerte, ya que invariablemente eran seguidos del reclutamiento forzoso para la guerra y el aumento de los impuestos, a raíz de lo cual había una mitología sobre las consecuencias negativas que afectaban a quienes eran censados.[3]

Y, más adelante, hay una aclaración adicional: «**... El rico no pagará más ni el pobre menos cuando den la ofrenda de medio**

---

3. Recordado en Etz Hayim, RA, USCJ.

shekel como expiación por sus personas...» (Éxodo 30:15). Así, entonces resulta que Dios pide que cada ser humano done el mismo valor monetario porque es una ofrenda por sus propias vidas, y cada vida humana para Él tiene el mismo valor, independientemente de su situación financiera. Suena extraño en esta época donde a uno lo valoran por lo que tiene más que por lo que es.

Volviendo entonces a nuestro problema de reclutar ricos y pobres para los estudios científicos, dado que en estas investigaciones ellos participan en su calidad de seres humanos, y dado que las características de su fisiología y biología esencial están determinadas por su humanidad y no por su dinero, entonces es razonable plantear que ricos y pobres deben ser compensados con la misma cantidad de dinero cuando aceptan participar en estudios científicos. Porque se les paga por lo que son, no por lo que tienen.

2017

La honradez es silenciosa

Parashá Vayakhel (Éxodo 35:1-38:20)

*Los maestros dijeron a Moisés el pueblo trae más
que lo que se necesita... entonces Moisés dispuso
que no se trajeran más ofrendas*
Éxodo 36:4-6

Es curioso que estos versículos sean poco examinados en la extensa literatura del comentario bíblico judío. A través de los buscadores de la internet, y en los archivos de distinguidas páginas de educación judía, y en los blogs de destacados rabinos, no es fácil encontrar referencias a ellos. En cambio, hay un sinnúmero de interpretaciones algo alegóricas del simbolismo de cada uno de los elementos usados en la construcción del templo, descritos en esta *parashá*. Es curioso, porque estos versículos muestran algo importante en la moral bíblica y en la vida social, la honradez.

Así, de manera sencilla y sin ostentación, a la manera de una aburrida crónica que relata lo que tiene que decir por obligación, se menciona que los trabajadores le dicen a su jefe, Moisés, que sobra material para la construcción, en vez de apropiarse de ellos como sería lo natural en muchos lugares hoy en día. Y el jefe, en vez de acumular las cosas donadas, en vez de a su vez quedarse con ellas indebidamente, se niega a seguir recibiéndolas. La honradez esencial aparece acá como verdaderamente es, profunda, sencilla, y realizada en sí misma, sin atisbos de cálculos comunicacionales ni políticos.

Tal vez, debido a lo escandaloso de la enorme ola de corrupción que avanza por el mundo y nuestro continente sudamericano, así como en nuestro país, uno está más sensibilizado hoy que en otros tiempos a la belleza de la honradez, ese rasgo del ser humano que nos permite confiar en el otro y vivir en sociedad.

Hoy en día, el conocimiento de la Biblia está más extendido que nunca en la historia. Existe una miríada de ediciones baratas y de alta calidad de la Biblia en todos los idiomas, y muchas de ellas están disponibles sin costo a través de internet. Las comunicaciones modernas han hecho realidad el sueño de Gutenberg, y hoy todos tenemos acceso al Libro. Todos conocemos los Diez Mandamientos, aunque sea a través del cine.

A pesar de eso, existen mafiosos que asisten a servicios religiosos mientras cometen los peores crímenes, políticos que roban cantidades enormes de dinero mientras predican el respeto a la vida, y gente común que no devuelve las donaciones sobrantes para el templo; además, muchos hacen un modo de vida del robo al prójimo, como lo muestran las noticias todos los días.

¿Cómo es posible que los seres humanos sigamos tropezando con la piedra ancestral del robo, del apropiarnos de lo ajeno, que parece totalmente ajeno a los contemporáneos de Moisés en estos bellos versículos?

Es una pregunta que debemos examinar si queremos ser fieles a nuestra vocación de personas de vida religiosa o, al menos, inspirada en la religión, porque hay un aspecto en el que somos responsables de la alta aceptabilidad social del robo entre nosotros. Y este es que los seres humanos tendemos a la complejidad innecesaria, como lo descubrió la antropología hace varias décadas, lo que es válido para las cosas y también para las ideas, las teorías, las ideologías y la teología.

Ocurre que hemos hecho tan complejas nuestras religiones, tan centradas en las minucias rituales e ideológicas, que hace tiempo que el ser humano dejó de conectar la religión y el discurso moral con la vida diaria. El rabino Abraham J. Heschel diagnosticó que la responsable de la crisis de la religión es la propia religión, y tenía razón. Solo volviendo a lo fundamental podremos, por un lado, superar la pandemia de robos que nos afecta y, por otro, recuperar la importancia de lo religioso en la vida social.

2016

Moisés no tenía gastos secretos o reservados

Parashá Pekudei (Éxodo 38:21-40:38)

Este es el registro de los materiales del Templo
que se hizo a petición de Moisés
Éxodo 38:21

La descripción de la manera de administrar los recursos donados por el pueblo de Israel para la construcción del Tabernáculo suena extraña hoy, cuando todos los días conocemos nuevos casos de corrupción entre autoridades, civiles y militares, que utilizan los recursos aportados por todos los ciudadanos, a través de su trabajo e impuestos, para lujos personales que nada tienen que ver con la función pública que ellas ejercen temporalmente.

La honradez e integridad en el uso de recursos públicos no son parte de la conversación diaria y no aparecen como temas en sí en la prensa cotidiana, excepto cuando ocurre un escándalo de corrupción. Como no hablamos con frecuencia de la integridad y la honradez, tal vez por ser temas demasiado sencillos, como para estudiantes de *bar* y *bat mitzvá*, se nos están olvidando.

Uno de los atributos del pueblo de Israel que aparece nítidamente en esta *parashá* es la generosidad, tanto así que las donaciones llegaron a ser excesivas. Moisés no necesitó implorar ni ordenar para que llegaran las valiosas donaciones, incluyendo el trabajo que los hábiles artesanos donaron. Sin embargo, se nos pasa por alto que tal generosidad fue posible gracias a la integridad moral de Moisés. Lejos de asegurarse un pozo de riqueza para gastos reservados u otros de índole personal, ordenó dejar de recibir donaciones cuando estas ya no fueron necesarias. Porque nadie hubiera donado ni una pizca de oro si hubiera existido alguna duda del uso que Moisés iba a hacer de tales recursos. Cuesta imaginar hoy alguna autoridad de nuestro tiempo que se resista, a la manera de Moisés, a recibir donaciones o recursos que no necesita.

En nuestro tiempo, son tantos los casos de corrupción en el uso de recursos públicos en todo el mundo que podemos hablar de una pandemia de falta de integridad moral. Es curioso que no escuchemos hablar mucho de organismos internacionales dedicados a combatir esta grave enfermedad. Lo que ocurre es que la falta de honradez es una enfermedad moral que, si bien afecta negativamente a millones de personas, perjudicándolas en todas las maneras posibles, no la percibimos como un asunto de vida o muerte, algo tan grave como el SIDA y el cáncer.

Así, la deshonestidad en el servicio público es la más hipócrita de las caras del mal, porque sus consecuencias son a largo plazo y no las vemos inmediatamente. Puede incluso estar presente en personas simpáticas y agradables, pero su cadena de efectos daña gravemente a personas inocentes. Cuando alguien roba dinero de un país, otros dejan de recibir educación y salud, y para muchos, esto es un asunto de vida o muerte.

2019

Levítico

El camino del perdón

Parashá Vayikrá (Levítico 1:1-5:26)

*De tal modo que se perdonará al pecador
las transgresiones en que haya incurrido*
Levítico 5:26

Hay quienes parecen creer que rezar por los pecados cometidos por uno mismo es suficiente para acercarnos nuevamente a Dios. Están equivocados. No importa cuánto recemos si antes no reparamos las faltas cometidas a nuestro prójimo, entre otras cosas, porque todas las faltas de naturaleza moral son una ofensa a los dos principales sujetos del derecho religioso: el ser humano y Dios. La Biblia lo describe de manera fría y analítica en esta *parashá*: **«Si alguien peca contra Dios, negando a su prójimo lo depositado... o robándole...»** (Lev 5:21-22). En pocas palabras, ofender al ser humano es ofender a Dios. Y en los siguientes versículos se reafirma tal conclusión.

Primero se menciona la reparación del daño al prójimo: **«Asumirá su responsabilidad devolviendo lo robado, indemnizando, desdiciéndose de la mentira...»** (Lev 5:23-24). Solo después de lo anterior, la Biblia habla de lo que es la etapa siguiente: **«Y para el sacrificio de la culpa, traerá el pecador a Dios (las**

ofrendas)» (Lev 5:25). En concordancia con lo anterior, al final de estos importantes versículos no se dice que es Dios quien perdona al pecador: **«De tal modo que se le perdonará al pecador las transgresiones en que haya incurrido»** (Lev 5:26). Es claro entonces que ambos, el ser humano ofendido y Dios, son corresponsables de perdonar las faltas cometidas por nosotros contra otros seres humanos.

Los versículos finales de esta importante *parashá* explican mucho de lo que aparece a diario en la prensa. Por ejemplo, vimos hace unos días el sórdido relato de las terribles consecuencias de un terremoto y posterior maremoto que produjo muchas muertes que se pudieron evitar, si no hubiera existido la irresponsabilidad de las autoridades públicas a cargo de los sistemas de alerta y prevención, que simplemente no cumplieron su rol. También lo vemos con las víctimas de violaciones de sus derechos humanos y de la delincuencia, que aparecen una y otra vez clamando por justicia.

Parece que nadie perdona, porque nadie repara sus faltas ni luego se presenta delante de Dios a expiar su culpa. Sin los dos elementos del perdón que se describen en esta *parashá*, ni la víctima ni el victimario pueden recuperar la paz del espíritu. Esto se debe en gran medida a que en nuestra sociedad democrática la gente tiene todo el derecho a reclamar, y no se puede silenciar el ansia de justicia con más pecados y ofensas por parte de los delincuentes o de la autoridad.

La mayoría de las veces, el reclamo de las víctimas no es por lo imposible, que les devuelvan las vidas cortadas por la negligencia o el delito. «Nadie nos ha ofrecido una disculpa» era el estremecedor clamor de madres y padres que tenían en sus corazones a sus hijos e hijas muertos y desaparecidos en el último terremoto, mientras escuchaban las voces de los abogados que trataban de esconder el pecado detrás de la parafernalia legal. Entender la naturaleza humana y divina del perdón es indispensable para la paz social, porque querámoslo o no, lo religioso es parte de la naturaleza del ser humano. Sin el perdón humano, no hay perdón divino. Y sin el perdón de Dios, el perdón humano queda vacío del contenido moral que evita la repetición de las faltas.

El perdón humano mira hacia el pasado y trae la paz a los ofendidos. El perdón divino es el tratado de paz con todos y mira hacia el futuro, porque un compromiso con Dios es uno con toda la humanidad.

2016

La grandeza de las tareas pequeñas en la ciudad infectada por el coronavirus

Parashá Tzav (Levítico 6:1-8:56)

> *El sacerdote se vestirá de lino*
> *y limpiará el altar de las cenizas...*
> *y sacará las cenizas del templo*
> Levítico 6:3-4

El rabino Elisha Coffman destaca en su comentario de esta semana que la Torá da gran importancia al aparentemente trivial acto de limpiar el altar, previamente utilizado para las importantes ofrendas que en ese tiempo acercaban a la gente a Dios. Este acto lo realiza nada menos que el propio sacerdote. La conclusión de nuestros sabios es que la limpieza del altar, realizada con vestimentas de trabajo, era una lección de humildad para el poderoso Cohén Gadol, el Sumo Sacerdote.

Lo anterior invita a reflexionar sobre la importancia trascendental de limpiar el altar: permitía que este se pudiera usar nuevamente para sus altas funciones. En otras palabras, el sencillo acto de limpiar era necesario para poder acercarnos a Dios.

Volviendo a los interesantes y desafiantes tiempos que estamos viviendo en esta pandemia de la COVID-19, las únicas personas autorizadas a desplazarse por la ciudad durante la cuarentena obligatoria pertenecen a las profesiones esenciales para la vida de la ciudad. Cuando decimos esto, inmediatamente la mente se va hacia el mundo de la medicina, incluyendo por cierto al personal de las unidades de cuidados intensivos. También pensamos en las altas autoridades del gobierno, y también en policías y militares.

Sin embargo, a menudo no nos damos cuenta de que la gran masa de personas que se desplaza por las calles en esos momentos son personas vestidas de lino, cuya función es limpiar los hospitales y la ciudad; hacer funcionar el transporte público, del cual depende la mayoría; y vendernos los alimentos que necesitamos con urgencia. Al realizar esa infinidad de pequeñas tareas que tienen la importante función de permitir que todos vivamos en una ciudad limpia y segura, ellos también arriesgan sus vidas por todos nosotros, sin gloria, sin honores, sin orgullosas entrevistas de la televisión destacando su impagable nobleza y heroísmo cotidiano.

Si la limpieza del altar por parte del Cohén Gadol fue una lección de humildad, entonces la anónima y silenciosa labor de quienes arriesgan sus vidas para recoger la basura de nuestras casas y realizar las pequeñas tareas que mantienen funcionando la ciudad, en medio de la pandemia, es una lección de grandeza que llega a nuestros corazones y ciertamente a Dios.

2020

Para Moisés,
dudar no es pecado

Parashá Shemini (Levítico 9:1-11:47)

> *Si yo hubiera comido de la ofrenda*
> *de culpa hoy, ¿hubiera sido agradable a Dios?*
> Levítico 10:19

> *Y a Moisés le agradó la respuesta de Aaron*
> Levítico 10:20

Estamos viviendo la época de las incertezas, ya que los problemas que enfrentamos son tan complejos que es imposible tener seguridad absoluta sobre cómo enfrentarlos. Esto ocurre a todos los niveles: político, social, económico, educacional, científico, religioso y, por supuesto, con la COVID-19. El problema es que nos gustan las certezas, especialmente en los planos científico y religioso. Tradicionalmente, la religión fue la principal fuente de certeza para los asuntos del espíritu, los fenómenos del mundo natural y la salud.

En el Renacimiento, la ciencia comenzó a competir con la religión como la fuente principal de las certezas no religiosas. Sin embargo, ahora observamos un fenómeno notable: millones de personas están dando la espalda a la ciencia y volviendo a la religión y otras fuentes en su búsqueda de las certezas que tranquilizan su temor a lo desconocido.

Así, han surgido los movimientos antivacunas y antimascarillas en el combate de la pandemia de la COVID-19, e incluso hay quienes insisten en sus ideas irracionales de la superioridad racial y étnica. Lo que sucede es que hoy tenemos acceso a un sinnúmero de fuentes de información, ya sea científica o religiosa. La internet y la libertad de expresión e información en las sociedades democráticas vinieron con el regalo de la mentira y la fantasía irracional, esparcidas a los cuatro vientos. Tales mentiras llegan a millones de personas que, con estupor, observan los cambios científicos, tecnológicos, sociales, políticos y religiosos sin entenderlos.

Si Aarón dudó sobre cómo actuar correctamente ante un problema ritual en un escenario infinitamente más sencillo que el mundo de hoy, entonces nuestra tarea es simplemente descomunal, y casi imposible para la mayoría de la gente. Es importante recordar entonces que Moisés fue empático y no condenó las dudas y la falta ritual de Aarón, mostrándonos que dudar no es engañar, ni es una falta o pecado mortal; simplemente es una respuesta humana al ansia de actuar correctamente.

La nostalgia de la virtud espiritual es incompatible con la certeza moral absoluta, especialmente hoy, cuando la vida escapa a la comprensión de la gente. Tenemos la suerte de que Dios nos regaló un medidor de nuestra incerteza, que permite dimensionar la incertidumbre cuando el temor de la duda amenaza con inmovilizarnos. Este medidor es el Decálogo y toda la Biblia, que orientan nuestra conducta, junto con la exégesis bíblica tradicional y moderna, y con la investigación religiosa-ética.

Todo eso nos ayuda a discernir entre el bien y el mal. Sin embargo, esto ya no es suficiente, porque para comprender la realidad hoy es indispensable cultivar el alfabetismo multidimensional, que incluye el conocimiento del método científico. Sin este conocimiento, la ciencia puede convertirse en adversaria de la religión en lugar de ser su gran colaboradora en la construcción de un mundo mejor.

La religión necesita a la ciencia para no convertirse en una fuente de certezas irracionales, hermanas de la superstición y el fanatismo. Cuando la religión se aísla de la ciencia, compite con ella en la esfera de las creencias, y así, por ejemplo, uno puede «creer» o no en las vacunas y reemplazarlas por ritos y rezos.

Es cierto que la Torá y la religión pueden darnos las certezas que anhelamos, pero solo cuando la religión se encuentra con la ciencia podemos actuar con eficacia, beneficiando al mundo y al ser humano, en lugar de inmovilizarnos en el estupor de Aarón, que en Levítico 10:19 no podía distinguir entre el bien y el mal.

2021

La impureza ritual no es pecado

Parashá Tazria (Levítico 12:1-13:59)

> *Diles a los hijos de Israel:*
> *Si una mujer da luz a un varón*
> *ella estará impura siete días*
> Levítico 12.2

De acuerdo con los magníficos y entretenidos comentarios de la Torá editados por La Asamblea Rabínica,[4] probablemente no hay otra palabra en la Torá que sea menos entendida por el lector de hoy que *tumah* (טומאה), traducida generalmente como impura (Levítico 12:2).

Como se ha dicho tantas veces, hay términos del hebreo bíblico que no se deberían traducir, porque es imposible expresar en una palabra moderna la complejidad de su campo semántico, hilvanado con muchas otras palabras cuyo sentido está inmerso en una cultura religiosa y ancestral. Porque, ¿qué sentido moral puede tener considerar impura a una madre judía momentos después del parto? Ninguno. Traducido así, Levítico 12:1 adquiere un sinsentido absolutamente lejano al significado religioso del texto en hebreo.

La Dra. Susan Handelman escribe en su comentario de esta semana[5] que la interpretación jasídica de *tumah* es, en esencia,

---

4. Etz Hayim. The Rabbinical Assembly. New York, 2001.
5. http://www.chabad.org/theJewishWoman/article_cdo/aid/1542/jewish/On-the- Essence-of-RitualImpurity.htm

«impureza ritual». Y esto se puede definir como «ausencia de santidad». Pero, el componente esencial del campo semántico de santo, *kadosh*, es la separación, la diferencia. Ser santo significa ser diferente.[6] Pero, no basta ser diferente para ser *kadosh*. De acuerdo con la Biblia, un judío se acerca a Dios diferenciándose del resto del mundo, en la medida que seguimos Sus Enseñanzas. Así, ser *kadosh* significa diferenciarse del resto por seguir Sus Enseñanzas.

Si bien para nosotros seguir Sus Enseñanzas significa hacer las cosas que nos hacen judíos, el judaísmo no considera que la única manera de ser una buena persona es ser judío. Nuestros sabios hace mucho que reflexionaron y descubrieron en la misma Biblia lo que significa ser un gentil justo y temeroso de Dios.

Entonces, la ausencia de santidad de la impureza ritual no tiene una connotación fundamentalmente negativa. Significa simplemente no estar en condiciones de diferenciarse por no poder concentrarse en Sus Enseñanzas. Podemos entender que hay sucesos en la vida, tales como el nacimiento de un hijo, que son tan grandes que hacen muy difícil para una madre tener un resto de energía mental como para acercarse al altar «ritualmente pura»; esto es, con la capacidad mental para concentrarse en Dios. Y la única manera en que tiene sentido ir al altar es ciertamente con la mente puesta en Dios.

Así, la Torá da un tiempo cuyo fin es evidentemente permitir que uno recupere la condición anímica y mental para volver a ser diferente concentrándonos en Sus Enseñanzas. Este es el sentido de los tiempos y ritos asociados con la recuperación de la «pureza ritual» que, entonces, es aquella condición del espíritu que permite que nos acerquemos no solo físicamente a Dios, sino con

---

6. https://sites.google.com/site/congregationbethisraelbangor/sermonsthisistheentiretora-handitsgreatestprinciple

toda nuestra alma y anhelos de vivir nuevamente la profundidad de nuestra relación con Él.

Sigamos el ejemplo de Rashi y tengamos confianza en Dios, atreviéndonos a leer la Torá con los ojos de nuestro tiempo:

> *... cuando una mujer dé a luz a un niño o una niña, podrá volver al altar cuando su corazón se haya recuperado lo suficiente de tan grande emoción, y tenga deseos de compartir su inmensa alegría conmigo...*

2013

Una bendición para la menstruación
Parashá Metzora (Levítico 14:1-15:33)

El tratamiento de la menstruación en la Torá inevitablemente refleja el misterio que este fenómeno natural era en los tiempos bíblicos y que sigue provocando hasta el día de hoy en las sociedades menos avanzadas educacionalmente. Fue solo con el avance de la fisiología reproductiva, en el siglo XX, que se pudo entender los mecanismos hormonales y celulares de la menstruación, lo que sentó las bases para despojarla de sus significados mágicos basados en la ignorancia, el miedo y la superstición.

Hace tres mil años las cosas eran muy diferentes, y se consideraba que la vida residía en la sangre. De ahí la prohibición de comer sangre, ya que estaba prohibido consumir cosas vivas. Y el sangramiento de la menstruación se asoció a una infinidad de significados mágicos, tanto positivos como negativos. Hoy, sabemos que todas las células y órganos del cuerpo tienen vida y son todos esenciales para vivir, no solamente la sangre.

Sin embargo, las tradiciones culturales y religiosas son muy persistentes, y el simbolismo antiguo, precientífico, de la sangre como depositaria de la vida sigue vigente en muchas religiones y lugares del mundo. Como lo hace notar Lecia Bushak en un documentado y entretenido artículo,[7] uno de los problemas para entender cómo la mujer ha experimentado y vivido la menstruación a lo largo de la historia es el hecho de que no existen relatos femeninos de la historia, y menos de algo tan íntimo como la menstruación. Así, todo lo que sabemos del impacto de la menstruación en la sociedad antigua nos llega a través del relato de hombres, que tenían el monopolio de escribir la historia.

Las referencias más antiguas a la menstruación se han encontrado en papiros egipcios, que muestran una diversidad de significados asociados a este fenómeno fisiológico, algunos positivos. Por ejemplo, en Egipto la sangre menstrual se usaba para hacer cremas cicatrizantes, esto alrededor de 1900 A. E. C. Y., en Roma, Plinio el Viejo (año 70 aprox.) pensaba que una mujer menstruante desnuda podía evitar las tormentas eléctricas y espantar las plagas de insectos de los cultivos agrícolas. Hasta el día de hoy, en muchas culturas africanas y de la India, el hombre evita acercarse a la mujer durante y por un tiempo después de la menstruación, lo que muestra la increíble persistencia de los mitos y tabúes de hace miles de años.

Es notable que el judaísmo tradicional haya desarrollado miles de oraciones y bendiciones durante su larga historia para santificar cada instante de la vida, incluyendo la bendición que se reza cuando uno va al baño a cumplir necesidades básicas no muy elegantes, pero nunca sintió la necesidad de una bendición dedicada exclusivamente a agradecer la fisiológica y natural menstruación. Porque, después de todo, la menstruación es una señal de vida, ya que indica que el útero empieza a renovarse y prepararse una vez más para nutrir y proteger a un nuevo ser humano en gestación.

---

7. https://www.medicaldaily.com/menstrual-period-time-month-history-387252

La revalorización de la mujer, y de lo femenino, que estamos viviendo a partir del siglo XX, ha permitido examinar la visión de la menstruación dentro del judaísmo, y así, por ejemplo, la rabina Elyse Goldstein dedicó hace más de 30 años una bendición judía para la menstruación: «Baruch atah Adonai, eloheinu melech haolam, she'asani ishah: Bendito eres Tú, Dios del Universo, que me hiciste mujer». Esta bendición, al rezarse cuando empieza la menstruación, resignifica completamente este sagrado momento de la vida de la mujer.

2019

La antigua costumbre del chivo expiatorio revive en la pandemia de la COVID-19

Parashá Ajarei Mot (Levítico 16:1-18:29)

Con un novillo por expiación
Levítico 16:3

El uso de animales para expiar culpas aparece muchas veces en la Biblia y se practicaba en los grandes imperios de la antigüedad. Como lo plantea Joann Scurlock, del Elmhurst College (Illinois, EUA), hay muchas similitudes entre los sacrificios expiatorios de la Torá y los de imperios del período bíblico, incluyendo la elección de un animal inmaculado, que en Mesopotamia era preferentemente un chivo. El procedimiento de la «imposición de las manos» (Levítico 16:2) consistía en mantenerlas extendidas sobre el animal de la expiación para transmitirle las culpas y obtener así la limpieza ritual (*kipper*), y tiene un equivalente en el término acadio *kuppuru*, que se refiere a la transferencia mágica de problemas de una persona a un sustituto por medio del contacto físico.

En el idioma hebreo, el término *kappara* (plural *kapparot*) se refiere a un rito de expiación que hasta bien avanzado el siglo XX se practicaba en círculos ortodoxos judíos, y que incluía el sacrificio ritual de un gallo o gallina que se tomaba con la mano y se agitaba sobre la cabeza de la persona penitente antes del sacrificio del ave, diciendo algunas oraciones propias para la ocasión.

El ansia de transmitir los problemas a animales mediante sacrificios surgió de manera independiente en muchas culturas, lo que indica que hay algo en la psicología humana que nos impulsa a eludir la responsabilidad echándole la culpa al «chivo expiatorio». En las culturas prehispánicas americanas, fue extendida la práctica de culpar de las enfermedades y problemas a animales y a otras personas, las cuales debían ser sacrificadas para solucionar el problema. En las tribus que todavía existen en el Amazonas, esos ritos persisten hasta nuestros días.[8]

Sin embargo, los chivos expiatorios no son cosa del pasado, como lo vemos con la pandemia de la Covid-19, en la cual muchos se apresuran a culpar al gobierno de turno o a otros países, pero pocos asumen su propia responsabilidad de lo que nos está ocurriendo. Porque ninguna vacuna puede erradicar una enfermedad sin la colaboración activa de la gente, primero vacunándose y luego siguiendo todas las instrucciones sanitarias para evitar el contagio. No existe vacuna que sea efectiva 100 % sin las medidas sanitarias asociadas, en ninguna parte del mundo y ante ninguna enfermedad.

2021

---

8. Joann Scurlock. The Techniques of the Sacrifice of Animals in Ancient Israel and Ancient Mesoppotamia: New Insights Through Comparison, Part 1. Andrew University Seminary Studies. Vol. 44, No. 1, págs. 13-49. 2006.

La ignorancia también es una forma de ceguera

Parashá Kedoshim (Levítico 19:1-24:23)

No te burlarás de la sorda ni pondrás obstáculos
en el camino del ciego
Levítico 19:14

Muchas de las enseñanzas bíblicas no son tan obvias como parecen con la lectura literal del texto. Para entenderlas, nuestros sabios desarrollaron un método que permite renovar la vigencia ética de la Biblia, y que tiene cuatro niveles de análisis, y enriquece el significado, por ejemplo, de Levítico 19:14.

El Primer Nivel es el sentido literal y simple del texto bíblico. En este caso es evidente, y de aplicación directa en la calle y en nuestra vida cotidiana, al encontrarnos con una persona sorda o ciega.

El Segundo Nivel es la interpretación un poco más profunda, buscando indicios de significados ocultos. Hay formas de sordera o ceguera sutiles. Un ejemplo es reírse de otro en un idioma que no entiende. No es sordera biológica, sino funcional. Pero, basados en las enseñanzas de la Torá, podemos suponer que esto también cae en el dominio del versículo Levítico 19:14. No hay que reírse de quienes no hablan nuestro idioma.

El Tercer Nivel es el nivel de la búsqueda, mediante comparaciones con situaciones similares. Similares desde el punto de vista ético, por supuesto. Y la gran enseñanza de la Torá es el respeto por las personas débiles, el asalariado, el extranjero, la viuda, los huérfanos. Así, una persona que escuche perfectamente bien, que entienda el idioma, pero cuyo nivel de educación o información le impida comprender lo que lee o escucha, también tiene derecho a que no se rían de ella haciéndole aprobar y firmar cosas que puede ver y leer, pero que no entiende.

Este versículo así adquiere relevancia para muchas cosas que pasan en nuestra sociedad. Por ejemplo, ¿acaso uno tiene el deber de leer y entender las decenas de páginas de los contratos con los bancos, las compañías de seguros, las de telefonía celular, las escrituras hipotecarias, en todas sus infinitas ramificaciones legales, antes de firmar, y todo generalmente en pocos minutos? La Biblia dice un rotundo No. Levítico 19:14 pone la responsabilidad ética en quienes tienen el poder del conocimiento. Y esto significa que nadie debe aprovecharse de los que no tienen los oídos ni la vista informada del saber, que les permitirían entender plenamente la trama legal en esta sociedad compleja y de mercado, donde todo, hasta lo intangible, se traduce a un valor monetario.

Un ejemplo: hace algunos días emisarios de un abogado le pagaron a una mujer con muy escasos conocimientos y que es una clara muestra y ejemplo de lo que podemos definir como sorda o ciega para este caso, diez millones de pesos por la vida de su hijo, que fue atropellado por un chofer borracho perteneciente a una familia de alto nivel económico y muchos vínculos sociales a los cuales ha recurrido para lograr un objetivo que distorsiona y desmerece el espíritu de la enseñanza a la que hacemos referencia. Y esa madre firmó un documento que le impidió después querellarse para demandar justicia. Esa pobre mujer ahora no entiende por qué los tribunales le negaron su derecho a la justicia. Y la respuesta es sencilla, porque gente sin escrúpulos puso en su camino el obstáculo de la ignorancia, que ella en su ceguera del analfabetismo no pudo ver. No respetaron Levítico 19:14.

Nos falta mucho para que el significado profundo de «no te burlarás de la madre sorda ni pondrás obstáculos en el camino de la ciega hacia la justicia», se convierta en conductas sociales justas y universalmente aceptadas, en una sociedad regida por la ley de Dios. Y, este último, es el Nivel 4, el de la inspiración y la Revelación, que permite que la Torá sea relevante y pertinente para todas las cosas de la vida.

El método es el Pardés, que es parte de la hermosa tradición judía de estudio de la Torá, que no es memorización sino actualización permanente en cada época y cada generación.

2014

Hacer el bien no es lo mismo que no hacer el mal

Parashá Emor (Levítico 21:1-24:25)

No profanarás la santidad de Mi Nombre.
Seré santificado entre los israelitas
Levítico 22:32

Estos dos mandamientos están en la raíz de la ética religiosa judía y universal y este versículo nos dice que no basta con no hacer algo malo, como no profanar Su Nombre; eso es solo la mitad de esta ecuación fundamental. Además, hay que buscar activamente el bien, santificando Su Nombre. Porque no profanar Su Nombre significa, en la interpretación judía tradicional, no faltar el respeto a la dignidad de cada ser humano. Porque cada persona tiene la dignidad de ser Su imagen, esto es, un espejo de las dimensiones morales de la existencia de Dios.

No profanar no es lo mismo que santificar Su Nombre, que significa involucrarse activamente en la restauración del respeto por el ser humano y toda la Creación. Uno no santifica Su Nombre encerrándose detrás de paredes confortables mientras pasan cosas malas. En la terminología de la ética moderna se habla de la beneficencia, hacer más bien que mal; y de la no maleficencia, no causar daño. Y ¿qué tiene que ver todo esto con nuestro mundo? Mucho.

Estamos recordando la tragedia moral más grande del siglo XX, la Shoa, el exterminio premeditado y masivo de millones de judíos y judías, romaníes, homosexuales, comunistas, y gente inválida y con enfermedades mentales, en los campos de concentración nazis.

Esa tragedia fue posible no solo por la acción decidida de algunos, sino también porque millones se conformaron con la no maleficencia, no hicieron nada malo en sí, solo se quedaron en sus casas y países lejos de los campos de exterminio, asistiendo a sus conciertos, ceremonias religiosas, y haciendo su vida normal. En cuántas dictaduras militares pasó lo mismo. Y ocurre ahora en Siria y tantos países donde se asesina a mansalva a civiles indefensos, y la mayoría sigue haciendo su vida como si nada. Los que miran para otro lado no hacen nada malo en sí, no se puede decir que son asesinos. Pero, faltan a la segunda parte de la ecuación ética de Levítico 22:32: hay que buscar activamente la santificación del mundo, esto es, el bien de la humanidad.

Cuando la no maleficencia se queda sola, y no la acompañamos con la beneficencia activa y comprometida, dejamos que pequeñas piedras se conviertan en avalanchas que arrasan con la vida de millones. Es lo que ocurrió en la Shoa, que recordamos en estos días. Pero, no nos quedemos con las cifras de cuántos murieron y con el relato sensacionalista de cierta prensa que busca noticias para hacerlas irrelevantes, juntándolas todas en su búsqueda incesante de la sorpresa transitoria de la novedad intrascendente. La Shoa fue posible porque la mayoría leyó solo la mitad más fácil de Levítico 22:32, pero no se comprometió activamente en reparar este mundo, luchando contra todas las formas de injusticia, que es lo que verdaderamente significa santificar Su Nombre.

La Shoa es un clamor para renovar el pacto que tenemos con Dios, a comprometernos a vivir Levítico 22:32 en plenitud. No sabemos dónde estaba Dios durante la Shoa, nadie tiene la respuesta. Pero, no le permitamos retirarse del mundo una vez más, hagámoslo realidad santificando Su Nombre, luchando para que cada ser humano tenga garantizado el respeto a su vida y su dignidad, sin otra razón que la de haber nacido hijo de Dios.

2014

La tierra de nadie, el Libro de todos

Parashá Behar

La tierra no puede venderse a perpetuidad
porque Me pertenece, ustedes son peregrinos
y extranjeros para Mí
Levítico 25:23

¿Habrá alguien hoy en día que tome en serio este importante versículo? A juzgar por la manera de relacionarnos con las cosas y la naturaleza, nadie. Por un lado, no creemos realmente que la Tierra pertenezca a Dios; pero, por otro, tampoco asumimos la responsabilidad de ser los dueños de un planeta finito que se está agotando porque lo estamos destruyendo a través de un cambio climático inédito por su velocidad y profundidad y por su causa: la actividad humana.

El problema del cambio climático somos nosotros, porque no tenemos ninguna relación de afecto con nuestro planeta, la Tierra. Hace mucho que nuestra cultura olvidó este importante versículo, pero también hace mucho que dejamos de sentirnos responsables de la Tierra, y ya no la cuidamos como hacemos con las cosas que sí nos importan: el auto, los muebles caros, el último modelo de computador recién comprado, la casa en la playa. Una raya en el auto nuevo nos quita el sueño mucho más que la destrucción de un valle de la zona central al construirse una represa, o la muerte de millones de peces porque hay poco oxígeno en el mar debido al aumento de temperatura del agua, o la explosión demográfica de las microalgas conocidas como marea roja, o el calentamiento global que está aumentando las poblaciones de mosquitos y el virus Zika y otras enfermedades en lugares donde hace poco no existían.

Así como no reconocemos en la práctica que la Naturaleza verdaderamente pertenece al Creador, tampoco nos creemos de verdad el cuento de que somos los dueños, y por lo tanto responsables, del planeta. Nos sentimos viviendo en la Tierra de nadie, donde nadie es responsable de nada, y cada cual saca el mejor provecho posible de las cosas y las circunstancias. Y esto nos está llevando aceleradamente a un desastre global de proporciones cósmicas, que amenaza con destruir la naturaleza como la conocemos, y a nosotros mismos como especie biológica. Esa es la causa última de la marea roja inmensa que se extiende por las costas chilenas y de otras partes del mundo, y esa es la causa de la mortandad masiva de moluscos y peces que varan por millones en las playas.

La única manera de enfrentar el cambio climático global y cambiar el camino hacia el desastre es que primero cambiemos nosotros. Pero ¿cómo podemos hacerlo? Con toda seguridad hay varias vías, y muchas igualmente válidas. En estos tiempos del reconocimiento de la diversidad inherente a la vida y sus manifestaciones, los que tratamos de vivir en la religión judía no pretendemos que todos sean como nosotros. Pero, tenemos una proposición, y es volver a las raíces de lo humano en el ser humano, aquello que nos elevó sobre las otras manifestaciones de la vida en la Tierra, y tales raíces están en la Biblia.

Antes que la siguiente urgencia ambiental desplace a la marea roja de la corta memoria de los noticieros de la televisión, volvamos a Levítico 25:23, y comencemos el largo camino de nuestra recuperación espiritual y ambiental, estudiando con mirada fresca como si nunca lo hubiéramos leído, este Libro hermoso que sentimos como nuestro, pero que es realmente de todos, la Torá. Nuestra Torá.

2016

El difícil mandamiento de estudiar la Biblia, pero para vivirla

Parashá Behukotai (Levítico 26:3-27:34)

> *Si sigues mis leyes y observas fielmente*
> *Mis mandamientos*
> Levítico 26:3

El versículo Levítico 26:3 es curioso, ya que parece reiterar el mandamiento de obedecer a Dios, cumpliendo Sus mandamientos. Se podría pensar que esta repetición es simplemente una forma del idioma bíblico de destacar la importancia de obedecer a Dios. Sin embargo, como lo señala el Rabino Shmuel Rabinowitz en jpost.com, Rashi planteó una interpretación diferente que es ampliamente compartida hoy en día: seguir las leyes de Dios en este versículo significa esforzarse en el estudio de la Biblia para poder cumplir los mandamientos. Más adelante, como recordó Rashi, la orden divina de estudiar para obedecer los mandamientos se reitera en Deuteronomio 5:1.

Por lo tanto, se deduce que el mandamiento de estudiar la Biblia tiene el complemento ineludible de obedecer Sus enseñanzas. De acuerdo con las leyes de la Torá, el estudio y la práctica del conocimiento religioso representan una unidad de valor moral compartido e inseparable. Aunque en los círculos académicos se valora mucho el estudio por sí mismo, no puede ser así en las comunidades religiosas.

Existen dos maneras extremas de estudiar la Torá, entre otras: una es el estudio enteramente académico, sin la intención de llevar una vida religiosa, realizado por el placer de estudiar o el afán de erudición, en universidades y academias de estudio de la Biblia. Por ejemplo, en los institutos universitarios de idiomas, se publican investigaciones científicas sobre el hebreo de la Biblia y su relación con otros idiomas de la Antigüedad. La otra manera extrema es el estudio literal de la Biblia, para memorizar y tratar de practicar al pie de la letra cada uno de los mandamientos.

Se podría argumentar que esta segunda manera es más correcta desde el punto de vista religioso, pero claramente no es así, ya que, por una parte, esto implicaría hacer cosas que hoy en día son imposibles o inaceptables, y por otra parte, ahora tenemos nuevos desafíos éticos a la moral religiosa que no están explícitamente contemplados en el texto de la Biblia.

La necesidad del estudio moderno de la Biblia surge de los cambios cada vez más acelerados que ocurren en nuestra sociedad, como consecuencia del gran impacto de la ciencia en nuestras vidas. Hoy en día, aparecen periódicamente situaciones inéditas en la historia que plantean nuevos desafíos éticos a la moral bíblica. Por ejemplo, hace poco hubo un gran escándalo en la comunidad científica internacional y en los centros de bioética cuando un científico chino anunció que había efectuado el primer caso de manipulación de los genes en un embrión humano. Actualmente, existe la tecnología suficiente para introducir genes sintéticos en un embrión humano con el fin de curar una enfermedad u otros fines; sin embargo, aún no hemos desarrollado respuestas coherentes, universales y de consenso, ni en el ámbito religioso ni en la ética laica, ante la manipulación de los genes del embrión humano.

El estudio de la Biblia es mucho más complejo ahora que antes, ya que, además de la erudición en lo religioso, es indispensable incorporar el conocimiento científico. El problema es que no hay mucha gente que tenga al mismo tiempo la motivación y conocimientos tanto en lo religioso como en lo científico, lo que ha paralizado el desarrollo de la teología y la moral religiosas.

Es indispensable que las comunidades judías, así como las de otras religiones, desarrollemos el alfabetismo científico necesario para responder a los nuevos desafíos éticos del ser humano desde nuestra propia cultura y conocimiento religiosos.

2019

Números

Sobre el uso de la internet en Shabat durante la pandemia

Parashá Bamidbar (Números 1:1-4:20)

Y Dios habló a Moisés en el desierto de Sinaí

Números 1:1

La *parashá* de esta semana es el inicio de Números, libro que relata el viaje desde Sinaí hasta el río Jordán, y comienza con instrucciones de Dios. Se anuncia el desafío inédito que experimentará el pueblo judío durante este viaje por el desierto, como lo será aprender a vivir la ley de Dios cuando lleguen a Israel, que implicará adquirir nuevas prácticas religiosas y conductas.

Hoy, nuevamente estamos viviendo un desafío importante ante la imposibilidad de asistir físicamente a nuestras sinagogas, lo que ha impulsado el uso de Internet en *shabat* y festivales religiosos, a pesar de estar prohibido por nuestras autoridades religiosas en tiempos normales. El riesgo de muerte al juntarse en grupos en esta pandemia de la COVID-19 ha llevado a la mayoría de las sinagogas a celebrar el *shabat* conectando la comunidad mediante Internet, incluyendo a sinagogas ortodoxas en EUA e Israel. Ante esto, conviene recordar que la historia del judaísmo está marcada por la evolución de nuestras prácticas, como lo resume la conocida enseñanza del Rabino Isaac Luria: «De acuerdo con su época y su generación...», que tiene tanta vigencia hoy como en su lejano tiempo de la ciudad de Safed del siglo XVI.

Y, como ha ocurrido siempre en nuestras crisis importantes, desde la segunda destrucción del Templo de Jerusalén en el año 70 de la era común hasta ahora, la gravedad de esta pandemia mundial ha producido respuestas diversas y antagónicas en el judaísmo. Estas van desde quienes abrazan sin reservas el uso de Internet y medios tecnológicos en *shabat*, hasta quienes se oponen argumentando que no hay razones para violar ni menos cambiar la ley religiosa judía, pasando por otras comunidades que lo aceptan transitoriamente mientras dure esta pandemia. El rabino Jorge Rozemblun recuerda esta semana que, nuevamente, tenemos el dilema de elegir entre la Torá y la Halajá.[9]

Atendiendo a la nueva realidad de la COVID-19, el Comité de Ley y Estándares Judíos de la Asamblea Rabínica (CLEJ), el máximo organismo orientador y regulador de la liturgia de nuestro Movimiento Conservador del judaísmo, emitió una opinión no unánime el recién pasado 13 de mayo titulada *Streaming Services on Shabbat and Yom Tov*, que se puede traducir como «Transmisión de los servicios religiosos por internet durante el *shabat* y los festivales judíos». Dicha responsa es una invitación a ponderar y examinar nuestras prácticas religiosas durante la nueva realidad de la pandemia de la COVID-19 y es un hermoso ejemplo de la continuidad del proceso de estudio y reflexión en nuestra religión, comenzada hace siglos con el Talmud.

El largo, complejo y fascinante razonamiento del Responso del CLEJ propone que es admisible según las enseñanzas de Dios constituir un *minyán* y establecer un espacio de oración virtual

---

9. https://www.radiosefarad.com/tora-vs-halaja/

mediante la internet para celebrar el *shabat* y nuestros festivales religiosos. Sin embargo, el responso también presenta los riesgos, entre los cuales el más importante es la trivialización y pérdida de la vida comunitaria, que es la amenaza más importante para nuestra y todas las religiones en el mundo moderno.

El principio religioso sobre el cual se basa la proposición del Comité es el conocido «pikuach nefesh», que enseña que salvar una vida es más importante que cualquier otra obligación religiosa. Por lo anterior, una vez que superemos el riesgo de la COVID-19 y que, por consiguiente, el riesgo de contagio en los grupos sea cosa del pasado, ya no sería aceptable llevar a cabo nuestras celebraciones religiosas a través de la internet.

2020

La dignidad de los oficios manuales
Parashá Naso (Números 4:21-7:89)

Estos son los deberes de los gersonitas,
deberán llevar las cortinas del Templo
Números 4:24-25

Los gersonitas y los meraritas eran clanes dentro de los levitas en la Biblia, y se mencionan en esta *parashá* como los encargados del cuidado de las cosas físicas del Templo: transportar, limpiar e instalar desde las cortinas hasta las columnas, todo bajo las instrucciones de Aarón y sus hijos.

Servir en el Templo era un gran honor, y estos clanes fueron distinguidos con la responsabilidad de las tareas manuales de su cuidado y mantención cotidiana. Podemos inferir esto por la santidad del Tabernáculo, lo que hace evidente el gran honor de tales tareas.

Una enseñanza de estos versículos es que las tareas manuales también se pueden asociar a labores nobles y honrosas, porque la dignidad de cualquier oficio solo depende de la santidad del propósito, y no del hecho de que sea manual o no.

En el Tabernáculo, era tan noble el sacerdote como la persona encargada de la más pequeña tarea manual, porque ambos estaban sirviendo a Dios. Esta lección es pertinente también para nosotros hoy cuando se trata de servir al prójimo, porque esa es la verdadera medida de la grandeza moral del ser humano.

Es una gran lección de los versículos de esta *parashá* y de la tradición judía.

La más pomposa y ostentosa tarea es de una vileza moral abismante si carece del propósito santificador del servicio al prójimo, y por lo tanto a Dios. Porque fuimos creados a imagen y semejanza de Dios, precisamente para recordarnos la dignidad esencial del ser humano.

Sin embargo, hoy miramos en menos a los oficios y labores manuales, a pesar de lo mucho que los necesitamos por su rol esencial en todos los rincones de la sociedad, desde nuestros hogares hasta la empresa de tecnología más sofisticada, pasando por los hospitales que salvan las vidas de los enfermos con la COVID-19.

A pesar de lo esencial que era para el Templo el cuidado de su estructura y aspecto físico, a menudo no nos fijamos en la nobleza de mantenerlo limpio y en buen estado. Tampoco hoy pensamos mucho en los miles de personas que todos los días reparan y mantienen funcionando nuestro mundo, a pesar de que estamos viviendo la Era de las Cosas, porque nunca en la historia el ser humano dependía tanto de tantos artefactos creados por la tecnología. Pensemos, por ejemplo, qué nos ocurriría si por un par de días nos quedamos sin teléfonos, computadores e internet: ni siquiera podríamos hacer los servicios religiosos. Tal desapego por los oficios manuales se ve en nuestra educación superior: sobran las postulaciones a carreras de cuello y corbata, o asociadas a altos niveles de ingresos económicos. Nunca sobran los postulantes a las carreras técnicas ni a los oficios.

La situación está cambiando en muchos países, porque la carencia de personal técnico y de servicio ha llevado a que sus remuneraciones sean muchas veces comparables a las de las profesiones tradicionalmente mejor remuneradas. Y esto mismo contribuirá a que nuestra sociedad recuerde la lejana enseñanza bíblica de que la verdadera honra y dignidad de un oficio o profesión descansa en el servicio a Dios y al prójimo.

2021

La hormona de Abraham

Parashá Beha-Haloteja (Números 8:1-12:16)

> *Y Miriam y Aaron acusaron a Moisés:*
> *se casó con una mujer de Etiopía*
> Números 12:1

Según la mayoría de las opiniones de estudiosos del Talmud y otros expertos en judaísmo, recogidas en la fabulosa Enciclopedia Judía,[10] la expresión «mujer cusita» que aparece en traducciones modernas de Números 12:1 se refiere a una mujer de Etiopía. Es un versículo corto, pero que dice montones, y que nos recuerda que debemos estar alerta a todas las discriminaciones en todas partes y en todas las épocas. ¿Significa Números 12:1 que había discriminación racial en la misma Biblia? Esto no es difícil de concebir; los etíopes son una raza de piel oscura, aunque diferente a lo que conocemos hoy como la raza negra, y que han sido una fuente milenaria inagotable de esclavos y sirvientes para las culturas dominantes vecinas.

Si los hermanos de Moisés eran capaces de considerar una lacra que él se casara con una mujer etíope, significa que miraban en menos a esa mujer de piel oscura y proveniente de una tribu de esclavos y sirvientes. Al igual que el humorista que se burló ante las cámaras de televisión de las víctimas del Holocausto, Miriam

---

10. http://www.jewishencyclopedia.com

y Aarón no tuvieron la más mínima empatía por la otra. Algo horrible ocurre con el ser humano cuando le cierra el corazón a los sentimientos de los que son de otro grupo.

«No hagas a otro lo que no deseas para ti», la base de la Biblia según la tradición judía, que es otra manera de decir el «ama al otro como a ti mismo», es el versículo más citado, pero también el más olvidado: es la enfermedad de la falta de empatía con los demás.

Abraham introdujo la empatía con el otro en la ética de las relaciones humanas, cuando se puso en el lugar de los peregrinos que descansaban frente a su casa y los atendió como amigos, mejor dicho, como forasteros que merecían la misma consideración que uno desearía para sí mismo. Es la *parashá* Vayera (Génesis 18:1). Pues bien, la empatía tiene su hormona, la oxitocina. La evidencia de los efectos de esta hormona como estimulante de la empatía es convincente.[11]

Por ejemplo, mientras el bebé se alimenta en el pecho de la madre, la oxitocina se libera desde el hipotálamo materno hacia la sangre, estimulando la eyección de la leche desde las glándulas mamarias, al mismo tiempo que aumenta los sentimientos de ternura y afecto hacia el bebé. Además, las inyecciones de oxitocina estimulan las conductas afectivas entre los roedores y sus crías. Y, en el ser humano, la oxitocina administrada mediante spray nasal hace que los participantes en simulaciones económicas confíen más en sus socios, que los controles que reciben solo una solución salina en vez de dicha hormona.

Todo esto sugiere que Abraham tenía mucha oxitocina, y que aquellos que tienen conductas discriminatorias podrían tener un problema hormonal, no solo los antisemitas, también los que odian

---

11. http://www.nytimes.com/2009/11/24/science/24angier.html?_r=0#

a las negras, a los comunistas, a las «canutas», a los derechistas, a los conversos, a las transexuales, la lista es larga. Por cierto, que el efecto de la oxitocina sobre la empatía no nos exime de la responsabilidad moral de ser solidarios con quienes sufren, y de tratar a los demás como queremos que nos traten a nosotros mismos, porque el cambio de conductas personales y sociales que ha ocurrido a lo largo de la historia demuestra que se puede aprender a ser solidario, y que la ética puede evolucionar hacia estados cada vez más acordes con el mandato bíblico de amar al otro como a uno mismo.

2013

Lo materno en Moisés

Parashá Shlaj Lejá (Números 13:1-15:41)

> *Yo (los) perdono de acuerdo con tu palabra*
>
> Números 14:20

Según Abraham Joshua Heschel, el problema del hombre es su sensación de pequeñez ante el progreso científico, que lo lleva a la incapacidad de concebir que el espíritu de Dios pueda descender a comulgar con su mente, tan débil y finita.

Podemos continuar esta conversación con Heschel, aduciendo que, entonces, el ateísmo es el reconocimiento máximo a la presencia de Dios, Quien, al ser tan apabullantemente grandioso, hace que para algunos la única manera de vivir con la conciencia de su propia pequeñez es negar a Dios. Esto explica el celo militante de muchos ateos que no pierden ocasión de denunciar la irracionalidad de la religión, basándose muchas veces en frases bíblicas mal traducidas y sacadas de contexto.

Al igual que los homofóbicos rabiosos, que esconden sus propias tendencias homosexuales tras sus ladridos estrepitosos, los ateos militantes solo confirman la urgente necesidad de Dios del hombre moderno.

Pero, el problema nuestro, dentro del mundo de quienes decidimos tener a Dios en nuestra cosmovisión, no es tanto que no podamos imaginar que Él puede venir a nosotros, sino que no nos atrevemos a concebir que debemos ascender, santificarnos, para estar en comunión y diálogo permanente con Él, porque Él nos necesita. No nos atrevemos a imaginar que Él nos necesita tanto como nosotros a Él, como nos lo enseñan las pocas palabras de Números 14:20, que muestran a Dios moldeando su conducta en el diálogo con el arquetipo de hombre que es Moisés.

Pero ¿arquetipo de hombre? ¿Es que acaso el carácter que se revela de Moisés no es más de una madre que de un padre? Porque el amor de Moisés por Israel es verdaderamente incondicional. No importa cuán grande sea la ofensa, nunca Moisés deja de interceder por nosotros ante Dios. Es la incondicionalidad del amor materno, develada por Erich Fromm en *El arte de amar*, y representada de manera inconfundible en cada una de las palabras de Moisés.

Cuando Dios pronuncia Números 14:20 cierra el círculo de su propia Creación. Y, entonces, el ser humano completo, Dios incluido, hombre y mujer en su dualidad indivisible, puede ser verdaderamente humano, verdaderamente divino.

2013

Desde Koraj hasta Gil-Ad, Eyal y Naphtali

Parashá Koraj (Números 16:1-18:32)

> *¿Por un hombre que peca*
> *castigarás a todo el grupo?*
> Números 16:22

Los castigos colectivos han sido una constante histórica muy difícil de erradicar de los códigos de la guerra. Eran normales en los tiempos bíblicos, y se han practicado de manera continua hasta nuestros días. La última edición de esta bárbara costumbre es el secuestro reciente de tres jóvenes israelitas por militantes de Hamás.

Porque secuestrar a tres ciudadanos de Israel es lo mismo que secuestrarnos a todos los judíos y judías. Lo sentimos en carne propia. Estas agresiones se justifican las más de las veces esgrimiendo decisiones y acciones del gobierno de Israel, olvidándose que estas no son compartidas de forma unánime, ni mucho menos, por toda la judería mundial. Con el pretexto de esas políticas del estado de Israel, hoy se nos agrede colectivamente, muchas veces de manera asesina, en varias partes del mundo. Sin embargo, las persecuciones antijudías existían desde mucho antes que la reinstauración de Israel en la primera mitad del siglo XX. El Israel moderno es solo el pretexto que da cierta racionalidad política al antisemitismo ancestral.

El antisemitismo ha sido una lacra persistente en la historia, que creció exponencialmente durante la Edad Media gracias a la diligente y sistemática guerra religiosa que persiguió convertir forzadamente a todos los judíos al cristianismo. Después del fracaso de la conversión masiva y colectiva de toda la judería, apareció la Solución Final de Hitler. También fracasó. Fuimos mejor tolerados y protegidos en las sociedades musulmanas medievales y muchas de hoy, como en Marruecos, Turquía, Iraq e Irán, donde las comunidades judías han sido aceptadas durante siglos y siguen existiendo hasta el día de hoy. Hubo episodios de intolerancia y persecuciones antijudías en sociedades musulmanas, como las que obligaron a Maimónides y su familia a emigrar finalmente a El Cairo, pero fueron excepcionales. En el siglo XX apareció el antijudaísmo árabe como sinónimo de anti-Israel, fue un producto de la Guerra Fría, en que la Unión Soviética se alineó con los países árabes productores de petróleo y Estados Unidos apoyó al estado de Israel.

Y así llegamos a la semana pasada, cuando comenzó un nuevo capítulo de esta larga serie de antijudaísmo, con el secuestro de Gil-Ad Shaer, Eyal Yifrah y Naphtali Fraenkel. La historia nos enseña que su secuestro no será la última agresión contra nosotros, y que no conseguirá sus objetivos, porque nunca renunciaremos a la vocación milenaria de ser lo que somos.

Es probable que Israel, como estado moderno, pueda en el futuro hacerlo mejor que hasta ahora para alcanzar la paz plena con los palestinos, pero no hay ninguna justificación para que los enemigos de Israel olviden la súplica universal de Moisés, profeta de judíos, cristianos y musulmanes, que se recoge también en el Corán:

«¿Por las culpas de unos castigarás a todos?» (Números 16:22)

«Nadie cargará con la carga ajena» (Corán 15)

2014

La empatía con los enfermos de la COVID-19

Parashá Jukat (Números 16:1-18:32)

Tú sabes todo lo que hemos sufrido...
permítenos pasar por tu tierra
Números 20:14-17

No puede ser más conmovedora la imploración de Moisés cuando ruega al rey de Edom que los dejen atravesar por sus tierras, huyendo del sufrimiento de la esclavitud. Buscando una explicación racional que justifique la dura negativa de Edom, uno podría suponer que temía que robaran sus recursos, tales como el agua y las cosechas. Pero, la falta de empatía y solidaridad de Edom queda en evidencia cuando, a pesar de que Moisés deja en claro que pagaría por el agua y los alimentos que tuvieran que usar, igual envía sus soldados para asegurarse de que los israelitas no entren a su reino, y sin ningún asomo de cortesía elemental como podría haber sido, por ejemplo, ofrecer al menos un poco de agua para beber a los cansados migrantes.

Fue una negativa con ensañamiento contra un pueblo que estaba en la más desventajosa situación posible, como es no tener un país donde vivir en paz. Muchos siglos después, herederos modernos de Edom cerrarían sus fronteras con soldados para asegurarse de que los judíos y judías no escaparan al odio nazi a través de sus tierras.

Examinar la falta de empatía y solidaridad de Edom puede enseñarnos algo de la naturaleza humana, sobre todo considerando que tal conducta se ha repetido una y otra vez en la historia. No se trata, por cierto, del egoísmo de una persona con respecto a otra, sino del desencuentro de un grupo con los sentimientos de otro grupo, más débil y desamparado. Porque es más fácil sentir compasión por una persona que nos mira a los ojos, el prójimo propiamente dicho, que por un grupo grande e impersonal. Podemos aprender de la conducta de Edom, tal vez la primera manifestación antisemita de la historia, que no fue cosa de dinero, ya que Moisés podía y ofreció pagar por lo que fuera necesario, pero aun así no cambió la conducta o los sentimientos de Edom.

Algo análogo a la conducta de Edom nos ocurre ahora con la gran cantidad de inmigrantes de escasos recursos que llegó a Chile desde países tropicales en los últimos años, con su piel más oscura que el promedio de la población chilena. Esta ola migratoria desencadenó una ola contenida de manifestaciones de odio racial y antinmigrantes. La razón por la que esto no prosperó tiene mucho que ver con los liderazgos de todo el espectro político, que condenaron muy tempranamente las manifestaciones de racismo y discriminación, de manera que no hubo espacio para cerrar las fronteras a la manera de Edom.

Pero, el desamor con un grupo completo no se expresa solamente contra etnias, religiones o posiciones políticas. En estos días estamos viendo la falta de empatía con los infectados por la COVID-19, que explica la amplia falta de acatamiento de las medidas sanitarias para detener la diseminación de esta infección viral. A miles de personas no les inmuta el sufrimiento y la pérdida de la vida que puede significar infectarse con este virus.

Sería bien diferente si ellos pudieran encontrarse cara a cara en la UCI con un enfermo por la COVID-19 y sentir su respiración forzada, y ver el sudor de su cara roja por la fiebre detrás de los tubos que entran por su boca y nariz y las venas de sus brazos. Porque la empatía y compasión con una persona es natural, pero la dirigida a un grupo es resultado de la educación y la experiencia.

2020

El antisemitismo se basa en el temor y la ignorancia

Parashá Balak (Números 22:1-25:9)

Ahora esa comunidad chupará todo,
como una vaca lame todas las hierbas del campo
Números 22:4

La descripción del estado de ánimo de Balak y su pueblo refleja con claridad el caldo de cultivo del odio contra el judaísmo: se basa en lo que le han dicho, ignora los propósitos y costumbres de Moisés y su clan, y reacciona con temor y por consiguiente con agresividad, tratando de dañarlos invocando mediante terceros la mala voluntad divina contra los judíos. Y para reforzar sus propios sentimientos negativos, Balak se atreve a predecir lo que los judíos harán cuando pasen por sus tierras: robarles sus alimentos y sus cosas.

La descripción de Números (22:1-4) se puede aplicar certeramente a los antisemitas de todos los tiempos y a todos quienes manifiestan el odio racial y contra grupos minoritarios en nuestra sociedad. Porque la ignorancia y la maledicencia que alimenta el odio contra el otro, sobre todo cuando es extranjero, se potencian progresiva y fácilmente, culminando en agresiones físicas y medidas injustamente discriminatorias por parte de los gobiernos.

Han pasado muchos siglos desde Balak, y todavía el sentimiento antijudío sigue vivo en muchas partes del mundo, y en este momento se manifiesta especialmente en algunos países europeos. La situación hoy tiene la complejidad adicional de que muchos ocultan su odio antisemita bajo el manto de combatir las políticas de Estado de Israel. Pero, quemar sinagogas y agredir físicamente a judíos y judías en cualquier parte del mundo con el pretexto de la solidaridad con los palestinos es absurdo tanto desde el punto de vista lógico como también desde la moral universal. Con ese torcido modo de razonar de los neonazis y enemigos de nuestra religión, entonces sería legítimo agredir físicamente a ciudadanos de EUA para protestar contra las políticas del gobierno de Donald Trump, lo que sería evidentemente absurdo y éticamente inaceptable.

2018

Aprendiendo a vivir con nuestras religiones hermanas

Parashá Pinjas (Números 25:10-30:1)

> *Y uno de los hijos de Israel vino*
> *y trajo a una midianita a sus hermanos,*
> *delante de Moisés y de todos los hijos de Israel*
>
> Números 25:6

Tras lo cual, Pinjas tomó una lanza y los siguió, atravesándolos en el vientre a ambos (Números 25:8), y la ira de Dios contra Israel se extinguió (Números 25:11). Tener relaciones y enamorarse fuera del clan en aquella época era equivalente a la apostasía, a abandonar la propia religión, de manera que el celo justiciero de Pinjas es relatado de manera muy positiva en la Biblia.

El discurso bíblico sobre la apostasía en el judaísmo fue especialmente relevante en la Edad Media, cuando familias enteras tuvieron que elegir entre emigrar, morir o convertirse al cristianismo o al islam. Ciertamente, las comunidades judías medievales no mataban a quienes se convertían a otras religiones en vez de abandonar sus países, pero la condena social fue unánime contra los apóstatas, quienes dejaban de ser considerados incluso parte de su familia más directa. Esta actitud solo comenzó a cambiar muy recientemente, cuando la apertura de las comunidades judías a la vida moderna dentro de las sociedades que las aceptaron y toleraron hizo inevitables las amistades, los romances y los matrimonios interreligiosos.

A la lenta aceptación de la realidad de los matrimonios y relaciones de parejas interreligiosas, se ha sumado hoy la enormidad de los problemas que amenazan a toda la humanidad, relegando a segundo plano las diferencias teológicas entre las religiones: la creciente desigualdad socioeconómica dentro y entre los países, la sequía crónica que está amenazando la producción de alimentos en todo el mundo, la infinidad de guerras locales que se eternizan y que en las últimas décadas significaron el asesinato de millones de civiles inocentes, y la intolerancia religiosa.

A lo anterior se agrega ahora la plaga de proporciones bíblicas de la COVID-19, que ya ha acabado con la vida de más de 4 millones de personas en el mundo. Así, las realidades abrumadoras de hoy, nos acercan a los sabios judíos de la antigüedad que no se sintieron cómodos con el desproporcionado castigo aplicado por Pinjas a la relación de pareja interreligiosa, poniendo fin a la vida de los amantes. Entre tales sabios estaba nada menos que el gran Maimónides, quien incluso afirmó que la apostasía de la religión judía se podía perdonar, en ciertas condiciones.

La Biblia es una Revelación y la Fe es un don, el que, sin embargo, podemos elegir recibir. Pero la teología es una creación del intelecto humano, y nunca más debemos ponerla entre nosotros, por un lado, y Sus enseñanzas de amor para toda la humanidad, por el otro. El diálogo fraterno con nuestras hermanas religiones cristianas es un paso esencial para acercarnos a la paz con Dios, con todos los seres humanos y con toda la Creación.

2021

Rescatando a la palabra

Si un hombre formula un juramento a Dios,
o se compromete con un juramento,
no violará su palabra
Números 30:3

La *parashá* de esta semana tiene uno de los comienzos más profundos e impresionantes, ya que habla del peso moral de la palabra. Hoy en día, resulta difícil imaginar que hasta hace relativamente poco tiempo en la historia, los contratos se sellaban con un apretón de manos y una bendición: «mazel y berajá», es decir, «buena suerte y bendición». Eso era suficiente para separarse tranquilamente y seguir con la vida, porque era inconcebible que alguien hiciera algo diferente a lo que había dicho. ¿Podremos volver alguna vez a ese tiempo en que el mandato bíblico de la santidad de la palabra empeñada sustentaba la estabilidad social y económica?

El versículo Números 30:3 se refiere directamente a los juramentos que uno hace con Dios y con el prójimo. Pero, para la persona honesta, cada palabra es un contrato implícito de respetar la verdad y sus consecuencias. Cuando uno engaña o induce a error a otra persona, por ejemplo, difundiendo noticias falsas, también está faltando al compromiso de no violar su propia palabra, ya que la mentira es una manera de romper el pacto con Dios de respetar los Diez Mandamientos.

Gran parte de la crisis social y política que estamos viviendo en las democracias representativas se sustenta en la falta de confianza en las palabras de quienes nos gobiernan y de nuestro prójimo. Hoy en día, incluso se ha inventado algo así como una marca registrada de las mentiras sociales, las *fake news*. La falta de veracidad de la palabra está saboteando toda nuestra vida social, incluyendo la salud pública, con miles de personas desconfiando de terapias demostradamente eficaces, como las vacunas.

Mucha gente ahora no desea vacunar a sus hijos por desconfiar de la eficacia de la inmunización contra bacterias y virus. Es un triste espectáculo, muy frecuente, ver a personajes de la política comprometerse a algo y luego usar todo tipo de triquiñuelas para no cumplir su palabra, como enfermarse o abstenerse en una votación clave. A estas alturas, la falta de respeto a Números 30:3 está haciendo imposible la vida política y la gobernanza de los países, y destruyendo la vida social.

Todavía no es demasiado tarde para recuperar el poder de la palabra empeñada, a todo nivel, desde la conversación cotidiana hasta los compromisos más trascendentales. Esto sería volver a nuestras raíces bíblicas y es una condición ineludible para recuperar la civilidad en la vida social y política.

2020

¿Es una falta más grave no observar el *shabat* o no dar para el sustento del templo?

Parashá Masei (Números 33:1-36:13)

> *Quien más tenga más dará, quien menos*
> *tenga menos dará, a los levitas*
> Números 35:8

El deber religioso de brindar el sustento material a nuestros rabinos y rabinas y a nuestras sinagogas tiene sus raíces en este versículo y en otros de la Torá. No es casualidad que, justo antes de entrar a la Tierra Prometida, se reitera este mandamiento bíblico. En otras partes se menciona incluso el monto: el diezmo. Porque el judaísmo, especialmente ahora que estamos dispersos por todo el planeta, tiene la necesidad esencial de la sinagoga como centro generador, articulador, y protector de su vida religiosa.

En el judaísmo no existe una autoridad administrativa central que se encargue del sustento de las sinagogas individuales, y cada sinagoga es independiente, a menos que voluntariamente acepte una autoridad moral central, como es el caso de la nuestra que reconoce su vertiente espiritual en el movimiento Masortí, o que haya nacido como resultado de la labor misionera de alguno de los pocos movimientos judíos ortodoxos que hacen proselitismo, como es el caso de Chabad.

Todos los judíos y judías que valoramos y cultivamos alguna de las múltiples formas de la religiosidad, tenemos el deber bíblico de aportar con el diezmo a la sinagoga. Este es sin duda uno de los deberes religiosos que sigue tan vigente como antes, porque sin el sustento material de la comunidad la sinagoga no puede existir.

Y, sin embargo, la triste verdad es que, aparte del aporte generoso de algunos y algunas familias que hacen donativos extraordinarios de vez en cuando para mantener a flote nuestras finanzas, la mayoría de los afiliados a nuestra sinagoga no estamos contribuyendo ni cercanamente con el diezmo de nuestros ingresos, con algunas familias aportando a la sinagoga menos de lo que gastan en cosas mucho más superfluas.

Es triste reconocer que este es un fenómeno global, porque en todos los países de nuestro continente, están reduciéndose y desapareciendo sinagogas por el nulo interés de sus comunidades de mantenerlas materialmente. Aportar con dinero de manera significativa a la sinagoga no solamente es un asunto individual porque, al no hacerlo, comprometemos incluso las contribuciones de quienes sí lo hacen, ya que entonces el monto recaudado no es suficiente para los innumerables gastos involucrados en la vida comunitaria religiosa, y todos terminamos perdiendo.

La situación descrita no puede continuar, porque es una falta grave a nuestros deberes religiosos. Y precisamente que sea un deber religioso es la única motivación trascendente que debe impulsarnos a contribuir con dinero a nuestra sinagoga. Sustentar materialmente nuestra vida religiosa no es un favor ni un acto de caridad, es un deber bíblico tan importante como cualquiera de los otros, y tal vez incluso más, porque si bien no se dice en ninguna parte cuál es el castigo por no dar el diezmo, la consecuencia de esta falta será la desaparición definitiva de la vida judía. Y este es el castigo más grande imaginable por no cumplir uno de los mandamientos bíblicos.

2017

Deuteronomio

El arte de escuchar a los ancianos y ancianas

Parashá Devarim (Deuteronomio 1:1-3:22)

> *Estas son las palabras que Moisés*
> *dirigió a todo Israel*
> Deuteronomio 1:1

No se menciona mucho, pero si bien es cierto que Moisés es el relator del libro de Devarim, o Deuteronomio, y es entonces un personaje central del libro, también lo es que un relator necesita gente que lo escuche. Así, el otro gran personaje de este libro es el pueblo de Israel, que escuchó pacientemente todo el largo relato de Moisés, sin muestras de desacuerdo, incomodidad o rebeldía.

Porque una cosa notable, que ha sido comentada varias veces previamente, es que Moisés se dirige a quienes lo escuchan como si ellos mismos hubieran estado presentes en todo el viaje por el desierto: «Cuando Dios escuchó vuestras quejas...» (Deuteronomio 1:34). Sin embargo, Moisés está ahora en presencia de los hijos e hijas de quienes comenzaron con él a peregrinar hace cuarenta años, y que no vivieron en primera persona los sucesos que Moisés está relatando e interpretando.

En muchas partes del relato de Moisés, sus palabras son bastante duras para referirse a las conductas de los israelitas, de manera que uno podría esperar que se hubieran producido reacciones de molestia o protesta contra Moisés mientras hacía su relato, como tantas veces sí ocurrió durante su travesía por el desierto con los padres y madres de quienes ahora lo están escuchando. Hay varias explicaciones de por qué el pueblo escuchó todo sin protestar o al menos corregir a las palabras de Moisés, pero una de las más importantes puede ser que Moisés siempre habla de Israel en primera persona, incluyéndose en el relato como parte del pueblo amonestado por Dios: «Porque Dios estaba enojado conmigo también» (Deuteronomio 1:37).

Así, la completa identificación de Moisés con el pueblo de Israel de antes hace que sus críticas tengan el bálsamo de la empatía fraterna y ciertamente que esto tiene que haber suavizado el impacto de sus críticas en la gente que lo escuchaba. Así, en este libro, Moisés se comporta como el maestro que ha llegado a ser con los años, que es mucho más que el rol de líder que siempre tuvo. Ahora, Moisés educa y comparte enseñanzas para preparar a su clan ante los desafíos que los aguardan en la Tierra Prometida, interpretando y expandiendo el relato de lo sucedido en los cuarenta años precedentes. Por esto es que la mayoría de las leyes de Deuteronomio no aparecen en los libros precedentes.

Pero, este libro fue posible porque el pueblo quiso escuchar y aprender de sus enseñanzas. Podría bien haber ocurrido que la gente se levantara y dejara a Moisés hablando solo, o ante un reducido grupo de fieles seguidores. Y la Biblia lo hubiera registrado, como tantas veces ocurrió cuando el pueblo judío se comportó de manera poco decorosa ante Dios y con Moisés.

Pues bien, esta conducta del pueblo en ese momento nos enfrenta a lo que hoy nos ocurre con nuestros propios ancianos, sean líderes o no. Porque, a diferencia del pueblo de Israel que está a punto de entrar a la Tierra Prometida, hace rato que nuestra sociedad dejó de escuchar a sus ancianos, y ya no valora positivamente las enseñanzas de la experiencia de sus vidas, tanto en la esfera familiar como en la social y política. Eso de que los abuelos y abuelas se encarguen del cuidado y las primeras etapas de la educación de los hijos es cosa del pasado.

Y cada vez más en la vida política de los países occidentales se usa la edad para desacreditar a los adversarios, a pesar de que la experiencia histórica universal muestra que las capacidades para desempeñarse adecuadamente en algo tan complejo como el arte de gobernar se desarrollan con los años de vida política, y se expresan en plenitud en las personas con larga experiencia.

En este libro, no es solo Moisés quien nos dejó sus enseñanzas, y el primer versículo de Deuteronomio bien podría haber sido: **«Estas son las palabras de Moisés, que todo Israel escuchó atentamente...».**

2019

Amarás a tu prójimo con lepra
Parashá Vaetjanan (Deuteronomio 3:23-7:11)

Hace lo que es correcto y bueno
ante los ojos de Dios, para que te vaya bien
Deuteronomio 6:18

La aparición de tres casos de inmigrantes haitianos con lepra en Chile, como era de esperar, despertó toda clase de comentarios racistas y xenofóbicos en algunas redes sociales. Esperable, pero injustificado y reñido con las bases más profundas de nuestra religión. Porque, aunque la lepra fuera la enfermedad incurable que era antes del desarrollo de los antibióticos modernos que la hacen totalmente controlable y curable, tenemos el deber religioso de tratar al prójimo enfermo como quisiéramos que nos trataran a nosotros mismos.

Ocurre que el imaginario colectivo de la lepra es tan poderoso que la mera palabra despierta el temor irracional que precede a las reacciones histéricas e inhumanas de la población que no se ha educado en los amables pero duros rigores de la conducta religiosa. Amables, porque portarse bien es agradable y hace que uno se sienta parte de la comunidad, y duros porque muchas veces tenemos que vencer nuestros impulsos iniciales más fuertes para hacer lo que es correcto.

Hoy en día, en nuestro país existen enfermedades infecciosas que son enormes problemas de salud pública, con miles de nuevos casos cada año de infecciones tan graves como el SIDA y la tuberculosis. Hay otras enfermedades que, sin ser infecciosas, producen la muerte de miles de personas todos los años y que se podrían reducir considerablemente con cambios en nuestros modos de vida, tales como el cáncer y las enfermedades cardiovasculares.

Al lado de tales enfermedades, los contados casos de lepra que aparecieron en Chile carecen totalmente de importancia como problema para nuestro sistema de salud pública. Pero, al mismo tiempo, esos casos de lepra nos brindan la oportunidad para examinarnos y descubrir la profundidad de nuestras convicciones religiosas y éticas, porque es fácil sentir que llevamos una vida muy correcta de acuerdo con la religión cuando esto es fácil, cuando no pasa nada fuera de lo común, cuando hay coincidencia total entre nuestra religión y nuestros deseos. Sin embargo, muchas veces, tal «facilidad» resulta de acostumbrarnos a la tensión no resuelta entre el deber religioso y lo que realmente hacemos, y terminamos así desconectando la religión de nuestro diario vivir, hasta que nos alejamos totalmente de Dios incluso en medio de la más escrupulosa observancia ritual.

Ejemplos de tales acostumbramientos son relajarse cada vez más en la observancia del *shabbat*, aportar cada vez menos dinero a la sinagoga, preocuparse cada vez menos de ser amables con el prójimo desamparado o de escasos recursos económicos, o dejar de estudiar la Biblia.

Así, algo positivo puede resultar de los pocos casos de lepra que están apareciendo en nuestro país, si aprovechamos de volver a nuestras raíces religiosas de la Torá, que nos obligan a tratar al prójimo como quisiéramos que nos traten a nosotros mismos.

2017

¿Y qué hacemos con los viejos y las viejas de la familia?

Parashá Ekev (Deuteronomio 7:12-11:22)

> *Porque Dios... hace justicia al huérfano*
> *y la viuda y ama al extranjero*
> Deuteronomio 10:17-19

Los más débiles en la Biblia son los huérfanos, las viudas y los extranjeros, y como tales se los menciona muchas veces. ¿Y por qué no los viejos y las viejas? Porque su estatus social en aquella época era la antípoda de lo que observamos hoy. En los clanes de la Biblia, los ancianos eran depositarios de la experiencia y la sabiduría, responsables de transmitirlas a los jóvenes, y era un honor llegar a una edad avanzada. Y las ancianas dirigían los hogares, ayudaban a cuidar los hijos menores y enseñaban a las jóvenes que se adentraban recién a las complejidades de la vida.

La idea de un anciano o anciana abandonados debe haber sido tan ajena como ahora lo es vivir con los padres y abuelos integrados al clan familiar. No hay ninguna razón biológica para no vivir con los padres y abuelos y abuelas. Sin embargo, ahora somos productos de una educación utilitaria y materialista, donde el individualismo se ha erigido en virtud suprema, que se premia en cada uno de los escalones educativos empezando por la propia familia hasta llegar a la universidad.

Nos educamos para alejarnos lo antes posible de las viejas y viejos de la familia, porque en la perspectiva del materialismo individualista, ellos son una carga económica que no se justifica e incluso atenta contra los fines, considerados supremos, del éxito económico y social. Pocos ejemplos quedan hoy de los grupos familiares grandes y con varias generaciones conviviendo naturalmente que fueron la norma hasta hace relativamente poco tiempo.

Para qué sirven los viejos y viejas es hoy un misterio para la mayoría de las parejas jóvenes que empiezan su nueva familia; pero, es aún más triste que también sea un misterio para los mismos ancianos. La solución para la pérdida del rol de los viejos y viejas en la familia moderna ha sido típicamente materialista y con la visión del mundo de los negocios: creamos un nicho de «oportunidades» de negocios: los hogares de ancianos, o residencias de la tercera edad (suena más bonito) y, recientemente, las siúticamente conocidas como senior suites. Con nombres más o menos elegantes, todas esas instituciones son botaderos de ancianos y ancianas porque molestan en los hogares de los hijos. Esa es la triste verdad, y atrevámonos a mirarla de frente sin acudir a nombres suavizados y en otro idioma para ocultar la verdad, como tanto nos gusta hacer en Chile.

El aumento de las expectativas de vida del ser humano en este último siglo produjo la crisis de los cada vez más escasos fondos monetarios disponibles para financiar las jubilaciones. Pero, una dimensión importante del problema es que, en nuestro sistema social, los ancianos y ancianas no siempre cuentan con un entorno familiar donde puedan brindar su importante rol, y por lo tanto muchas veces quedan abandonados una vez que su descendencia puede vivir independientemente. Sería largo enumerar las ventajas de vivir con los viejos de la familia, tanto para ellos como para los más jóvenes.

En un clan familiar, los viejos y viejas no viven miserablemente, porque sus escasos recursos se suman a los del grupo, que paralelamente reduce sus gastos porque los abuelos y abuelas colaboran en innumerables tareas que, sin su presencia, hay que pagar a extraños, tales como el cuidado de los más pequeños y de las casas, la vigilancia y prevención de accidentes y robos, y las compras semanales de alimentos y mercaderías. La vida de un clan familiar brinda el soporte psicológico irreemplazable para que los hijos crezcan en los valores morales de la familia, lo que tiene un enorme impacto en toda la sociedad.

Los ancianos tienen derecho a nuestra compasión y ayuda fraternas, y un mundo sin ellos se acerca peligrosamente a uno sin compasión. No sería el mundo de Moisés. No sería un mundo judío.

2016

Los otros pobres del siglo XXI

Parashá Ree (Deuteronomio 11:26-16:17)

Si en la Tierra que te da Hashem, tu Dios,
hubiere una persona necesitada entre ustedes,
cualquiera de tus hermanos en cualquiera
de tus ciudades, no endurecerás tu corazón
ni cerrarás tu mano a tu hermano necesitado.
Sino que le abrirás tu mano; le prestarás
su carencia que le haga falta a él
Deuteronomio 15:7-8

Cuando hablamos de caridad, instintivamente pensamos en dinero y otras cosas materiales. Dar al necesitado es una expresión que surge automáticamente cuando hablamos de juntar dinero para los pobres. Sin embargo, los versículos de Deuteronomio 15:7-8 no especifican a qué necesidad, o necesidades, se refiere Moisés cuando habla de «una persona necesitada entre ustedes».

Hoy, vivimos en tiempos del mayor bienestar material de la historia de la Humanidad, y cada vez hay más ciudades en algunos países desarrollados donde las personas tienen todas sus necesidades materiales básicas cubiertas, ya sea por su esfuerzo propio o gracias a los sistemas públicos y privados de ayuda social. Hoy, es posible imaginar un futuro en el que no existirán personas con carencias materiales significativas, aunque ciertamente que falta bastante para ello todavía.

Y, sin embargo, junto con el progreso material, estamos viviendo un aumento masivo de la otra pobreza que siempre ha amenazado al ser humano: la pobreza del espíritu, la carencia de los recursos no tangibles del amor y la vida social. Cada vez hay más personas con serios problemas de salud mental, y la sociedad como un todo empieza a mostrar manifestaciones colectivas del estado patológico del alma que es el hiperindividualismo, que infecta como pandemia a más y más comunidades y países.

Tenemos que abrir el corazón para ver a los otros necesitados, a los mendigos de amor, compasión, respeto y compañía, que muchas veces esconden su pobreza espiritual tras grandes despliegues de bienes materiales ostentosos. Cierto es que hay pobres que carecen tanto de lo material como de lo espiritual. Nuestro deber es vivir la caridad con todos.

Cuando Moisés nos interpela a abrir la mano al necesitado, no temamos abrirla no solamente para dar dinero, sino también para estrechar la mano y abrazar al ser humano que está al lado nuestro; porque, a pesar de estar en medio de una multitud, él y ella se ahogan en su soledad del desierto poblado de personas incapaces de conectar su alma con los demás. Porque dar amor y compañía a quien carece de estas cualidades del espíritu esenciales para la vida verdaderamente humana también es caridad.

2019

La responsabilidad social en la Torá
Parashá Shoftim (Deuteronomio 16:18-21:9)

> *Si fuera hallado el cadáver de un hombre*
> *apuñalado en el campo... los ancianos*
> *de la ciudad más próxima... expiarán por la*
> *sangre inocente derramada entre ustedes*
> Deuteronomio 21:1-9

En la tierra del período bíblico, era costumbre que los habitantes de la ciudad más cercana asumieran la responsabilidad de un asesinato sin autores conocidos, lo que significaba expiar la culpa dando bienes a la familia directa de la persona asesinada, tales como animales y pieles curtidas. Es la expresión más antigua conocida del sentido de responsabilidad social ante el delito cometido por desconocidos.

La Torá lleva esa responsabilidad social un peldaño más arriba: todos somos responsables cuando ocurre un asesinato y no se encuentra al culpable. Y toda la ciudad tiene que expiar la culpa, pero delante de Dios, a la manera de esa época, mediante un sacrificio animal. Hay muchos crímenes con autores desconocidos, algunos donde se desconocen por falta de pruebas, y otros porque son crímenes sociales, donde no hay uno o unos culpables, donde todos somos responsables. Deuteronomio 21:1-9 enseña que hay una dimensión social de la culpa ante un asesinato «anónimo».

Pero ¿acaso es diferente cuando sí se conoce al autor o autora de un delito? ¿O si no es un asesinato, sino que otro delito o falta? Por supuesto que no. La indiferencia, como se ha dicho tantas veces, es la verdadera enemiga del bien. Deuteronomio 21:1-9 es un lejano preámbulo a la creciente conciencia de la culpa social, que es la dimensión del mal que hace necesaria la justicia social, que a su vez se relaciona con la responsabilidad social.

En las universidades incluso ahora tenemos programas de Responsabilidad Social Universitaria. Esto implica entender que tenemos el deber de actuar ante las carencias y faltas de toda la sociedad, como la pobreza, la inequidad en el acceso a la salud y a la educación, y no solamente brindar educación individual a nuestras y nuestros estudiantes.

Las tecnologías de las comunicaciones han hecho que el mundo vuelva a ser plano, donde todos vemos a todos en todas partes y en todo momento, el «no matarás» se convirtió inescapablemente en el «no mataremos», y el «no robarás» en «no robaremos», y así con todos los mandamientos: ahora los entendemos en plural.

Las semillas del concepto moderno de la Responsabilidad Social están en la Torá, como ha ocurrido con todos los avances de la cosmovisión ética del ser humano a lo largo de la historia.

«Justicia social perseguirás para vivir» (Deuteronomio 16:20)

«No serás indiferente» (Deuteronomio 22:3)

2014

¿Es el aborto la pena de muerte por la culpa de los padres?

Parashá Ki-Tetze (Deuteronomio 21:10-25:19)

> *Los hijos no serán ajusticiados*
> *por los delitos de los padres*
> Deuteronomio 24:16

Se ha escrito mucho sobre las relaciones de responsabilidad mutua entre padres e hijos, pero mucho menos sobre la correspondiente responsabilidad entre el padre y la madre, por un lado, y el embrión en desarrollo, por el otro. Se habla demasiado, en cambio, sobre quién tiene el derecho a quitar la vida a ese embrión. El estatus moral del embrión/feto humano es lo que está en juego en la discusión sobre el aborto.

Desde el punto de vista biológico, el embrión humano es un individuo, una entidad biológica diferente a todo lo que hay en el universo, porque contiene y está definido por una combinación única de genes aportados por su madre y su padre en partes iguales. Además, es un organismo, lo que significa que tiene la autonomía fisiológica para desarrollarse y crecer y mantenerse vivo regulando sus procesos celulares y sistémicos. O sea, posee el rasgo diferenciador de un ser vivo, la autopoiesis. Que el embrión humano necesite la nutrición materna a través de la placenta no lo hace menos individuo ni menos humano, ya que el origen y fuente de los alimentos no definen si uno es un ser humano o no.

Estirando un poco las cosas, la situación de dependencia alimenticia del embrión es análoga a la de cualquiera de nosotros que necesite sondas para alimentación endovenosa y ventilación pulmonar artificial. O análoga a la de la miríada de organismos que viven en nuestro cuerpo como parte de la flora bacteriana normal, que siguen siendo seres vivos definidos, únicos e individuales a pesar de que su vida y desarrollo dependen de nuestro soporte nutricional.

En la Biblia se menciona en más de una oportunidad que la culpa de los padres caerá en las siguientes generaciones (por ejemplo, en Éxodo 34:7), pero en la *parashá* de esta semana se reniega de esa afirmación (Deuteronomio 24:16). Prácticamente todos los profetas y estudiosos clásicos y modernos de la Torá están de acuerdo en que las culpas de los padres no caen sobre los hijos. Se puede concluir con certeza que no es un mandato bíblico castigar a los hijos por las culpas de los padres, como sí han hecho las dictaduras de todos los colores a lo largo de la historia.

Que un embrión humano no sea deseado por su madre y su padre significa que fue concebido por error en el uso de alguno de los métodos anticonceptivos, o con la mancha de la culpa de una relación sexual involuntaria o ilegal, o porque ese embrión cae en las estadísticas de fallas de aquellos métodos. También existen personas que no desean tener descendencia, pero aun así tienen relaciones sexuales ocasionales sin medidas preventivas de la concepción. Y en todos estos casos, las responsabilidades de los progenitores determinan la existencia de un embrión humano.

El problema del embrión humano es que, teniendo el derecho a vivir, por su doble condición de organismo biológico (valga la redundancia) y humano, el ejercicio y defensa de ese derecho fundamental dependen enteramente de otros seres humanos, en estados mucho más avanzados de desarrollo que el propio embrión.

¿Se puede quitar la vida de un embrión humano, entonces, porque su concepción fue culposa, irresponsable, o involuntaria? ¿No es esto acaso castigar al embrión por las culpas de sus padres?, porque si es así, entonces el aborto viola la importante enseñanza de la Torá que dice que las culpas de los padres no pueden caer en los hijos.

2015

El deber religioso de la felicidad en el tiempo de la COVID-19

Parashá Ki Tavo (Deuteronomio 26:1-29:8)

> *Te alegrarás en todas las cosas buenas*
> *que Dios te dio a ti y a tu familia*
> *con el levita y el extranjero que está contigo*
> Deuteronomio 26:11

Fue en el gueto de la ciudad polaca de Częstochowa donde el zapatero Aryeh Szajnert organizó una de las fiestas de Simjat Torá más impresionantes que uno puede encontrar en las innumerables crónicas de la vida judía a través de los tiempos (historia recogida por el rabino Menachem Posner). Gracias a su oficio de zapatero, Aryeh tenía que mantener los zapatos de los soldados y oficiales nazis, lo que le dio el raro privilegio de poder salir del gueto y, de alguna manera, pudo conseguir una Torá y un shofar. Los prisioneros judíos se propusieron celebrar las festividades religiosas, incluyendo la de Simjat Torá. Y lo hicieron, con la Torá escondida bajo el piso.

Simjat Torá, la alegría de la Torá, les renovó la alegría de estar juntos y ser una comunidad, y en ese lugar y momento tan cercano al infierno, el mandamiento de la felicidad se encarnó en esa comunidad religiosa, unida al espíritu eterno de la vida religiosa judía. El mandamiento de ser felices puede parecer incomprensible, y hasta cruel en algunas circunstancias, pero siempre hay momentos y períodos en que podemos alegrarnos de las cosas buenas y acordarnos de que construir la felicidad es la parte de la Creación que Dios nos encomendó. La memoria de esa felicidad alumbrará las inevitables desgracias, pérdidas y tristezas que son parte de la vida.

Hoy, por ejemplo, estamos viviendo una de las tragedias universales más grandes de los últimos 100 años y, en realidad, de la historia, que está llevando a la muerte y la miseria a cientos de millones de seres humanos, especialmente en los lugares más atrasados del planeta. Nunca se podrá saber cuántas personas han perdido la vida directa e indirectamente por los efectos de la COVID-19. En nuestro país, las personas que ya perdieron sus empleos bordean los 3 millones, lo que al considerar sus familias significa que alrededor de la mitad de la población está viviendo momentos de angustia ante la incertidumbre por su futuro inmediato.

Y, sin embargo, tenemos motivos para alegrarnos, primero porque cada día recibimos la bendición de despertar y tenemos la dicha de vivir, como lo recordamos con el Shemá de la mañana. Y porque cada día es una nueva oportunidad para construir el mandamiento de la felicidad. Los judíos que se atrevieron a vivir su Simjat Torá en el gueto de Częstochowa nos dejaron la vara muy alta, pero no más alta de lo que nos ordena la Biblia. Podemos ser felices porque el corolario de este extraordinario mandamiento es que construir la felicidad es también un deber religioso.

Así, hoy tenemos que ser felices ayudando a los que sufren más por el virus COVID-19, en las muchas maneras en que todos podemos hacerlo para superar esta crisis, ya sea trabajando directamente en la salud quienes tienen tal responsabilidad, respetando las restricciones al desplazamiento sabiendo que así protegemos a los más vulnerables, y practicando la caridad ahora más que nunca, porque llegamos a un punto donde simplemente no cabe pensarlo dos veces antes de dar un plato de comida.

Y, especialmente, quienes tenemos el privilegio de ser judías y judíos, tenemos que ser felices manteniendo nuestra sinagoga, para que no desaparezca en este tiempo de prueba y oración, porque pertenecer a una comunidad religiosa es una de las mayores alegrías que Dios nos ha dado, como nos lo recuerda el Simjat Torá del gueto de Częstochowa.

2020

Hacia la teología del futuro

Parashá Nitzavim (Deuteronomio 29:9- 30:20)

Todos ustedes están hoy delante de Dios,
todos los hombres sus niños y sus mujeres
y los extranjeros que están
en vuestro campamento,
para ingresar en el Pacto con Dios...
y aquellos que no están con nosotros hoy
Deuteronomio 29:9-14

La notable expresión «y aquellos que no están con nosotros hoy» ha sido interpretada tradicionalmente como la referencia a las futuras generaciones, descendientes de quienes estaban en ese momento estableciendo el pacto con Dios. Lo que nos dicen estos extraordinarios versículos es que quienes vivimos hoy tenemos responsabilidades religiosas con las futuras generaciones.

El problema es que crecimos dentro de un sistema de educación religiosa, ya sea formal o informal, individual o colectiva, que se centra tradicionalmente en nuestra relación con Dios y con el prójimo de hoy. Miramos al pasado y a la historia de la religión como fuente de inspiración y alegría, pero no sabemos nada, y nunca hemos reflexionado sobre nuestra relación ético-religiosa con las generaciones futuras de seres humanos. Simplemente, no existe la teología del futuro, aunque evidentemente el futuro está implícito en los mandamientos bíblicos.

La bioética de la ciencia y la tecnología vio nacer, de la mano de su creador, el filósofo judío Hans Jonas, a la «bioética del futuro», enunciada en un libro esencial: «Ética de la Responsabilidad». La idea central de la bioética del futuro de Hans Jonas es que la ciencia y la tecnología modernas tienen un enorme poder destructivo del futuro, a diferencia de las tecnologías antiguas, por lo cual todo científico de hoy debe hacerse responsable de las consecuencias de sus investigaciones. En otras palabras, el desarrollo científico necesita el freno de la responsabilidad, establecido en la máxima: «Actúa de tal manera que la vida humana plena sea posible en el futuro», lo que significa en términos prácticos no efectuar investigaciones científicas que tengan la potencialidad evidente y manifiesta de afectar negativamente la vida futura del planeta.

Esta idea ha sido cuestionada por una parte importante de la comunidad filosófica y científica, y la argumentación de esa conversación está más allá de los alcances de este comentario. Sin embargo, e inspirados por el versículo de Deuteronomio 29:14, cabe preguntarse si hoy necesitamos una teología de la responsabilidad o del futuro, de manera análoga a lo planteado para la bioética por Hans Jonas.

Es cierto que las tecnologías antiguas tenían poco alcance espacial y temporal, a diferencia de las de hoy, cuyos efectos se pueden prever que permanecerán y afectarán la vida durante siglos. Pero ¿por qué la religión y el discurso religioso podrían tener mayores efectos ahora que antes? ¿Acaso el mensaje de Dios y sus interpretaciones son más impactantes hoy que antes, de manera análoga a lo que ocurre con la ciencia? Y la respuesta es un claro y rotundo Sí.

Lo que ocurre es que hoy el espacio de la conversación religiosa ya no es la sinagoga, la iglesia o la mezquita, sino que todo el planeta y todo el tiempo. Porque las tecnologías de las comunicaciones hicieron a la palabra indestructible e infinita. Hoy, cualquier prédica puede alojarse en la internet, diseminarse por todo el mundo y a todas las audiencias, y nada ni nadie tiene el poder de eliminar un mensaje que llegó a los millones de computadoras conectadas a la internet.

Entonces, el diálogo religioso de hoy tiene que estar consciente de que la audiencia son todas las religiones y creencias del mundo, no importa dónde estemos conversando. Hoy, necesitamos urgentemente la teología de la responsabilidad, o del futuro, que trabaje activamente para excluir de la vida religiosa las palabras ofensivas y destructivas de la futura convivencia fraterna entre todos los seres humanos.

2022

El mandamiento bíblico para la tercera edad: enseñar la Torá

Parashá Vayelej (Deuteronomio 31:1-31:30)

> *Moisés escribió esta Enseñanza*
> *y la entregó a los sacerdotes...*
> *y a todos los ancianos de Israel*
> Deuteronomio 31:9

La subvaloración de la tercera edad, prevalente hoy en las sociedades occidentales, olvida que a este grupo etario Dios le entregó la sagrada y vital misión de ser depositarios de la Biblia y de enseñarla periódicamente a todo el pueblo (Deuteronomio 31:10-13).

La sabiduría divina enseña de esta manera, sin decirlo explícitamente, que la experiencia es el complemento indispensable en el estudio y enseñanza de la Biblia. Y, si bien en este caso como en la mayoría de los Mandamientos no se explica la razón o la causa, la historia difícil y muchas veces trágica de la religión nos enseña que la aplicación de Sus principios no es un asunto sencillo, por lo cual la experiencia en la vida es necesaria para que la religiosidad se manifieste adecuadamente.

Al entregar a los ancianos y a las ancianas del pueblo la misión de guardar y enseñar la Biblia, Dios al mismo tiempo brindó una temprana señal de alerta que debiera ser la mejor advertencia contra el edadismo, la discriminación por la edad, al asignarles un rol tan fundamental y delicado que solo es compartido con el sacerdocio.

Sin embargo, hoy pocas personas conocen la Biblia, lo que se correlaciona trágicamente con la visión negativa de la ancianidad, porque su estudio es tan largo y complejo que solo podemos cumplir este mandamiento si lo asumimos casi como una forma de vida, o al menos como un elemento indispensable de nuestro diario vivir.

Los sacerdotes, sabios y sabias de la comunidad solo pueden cumplir la orden divina de la enseñanza de la Biblia si la gente voluntariamente asume su deber de estudiarla. Así, podemos concluir que un corolario de la orden de Deuteronomio 31:9 es el deber que todos tenemos de estudiar la Biblia, guiados por quienes en esta *parashá* reciben la orden divina de enseñarla, lo que ocurrió delante de todo el pueblo de Israel, o sea, delante de todos nosotros.

2022

El estudio de las monjas, la alegría de vivir y Deuteronomio 32:47

Parashá Ha-Azinu (Deuteronomio 32:1-52)

Pongan su corazón en todas las palabras
que hoy les doy y comuníquenlas a sus hijos...
por ellas pueden prolongar sus días en la tierra
Deuteronomio 32:46-47

¿Qué significa esto de que viviendo Sus palabras vamos a vivir más? Esta parece ser una de las tantas frases de la Biblia que uno trata de explicar de manera alegórica, figurada, sobre todo a amigas y amigos agnósticos que miran con cierta condescendencia a quienes construimos día a día nuestra cosmovisión religiosa. Pues bien, una vez más, la Biblia dice una verdad que tiene base científica, recientemente revelada por el clásico y famoso «Estudio de las Monjas».

En 1986, investigadores de las Universidades de Kentucky, South Florida, Kansas, Wisconsin, Duke, Emory y Louisiana, convencieron a la Congregación de Notre Dame en EUA de permitir el seguimiento de la salud de cientos de monjas, incluyendo la autopsia completa después de su fallecimiento. El objetivo primario fue estudiar en una población lo más homogénea posible en su modo de vida lo que ocurre durante el envejecimiento y relacionar esta información con el desarrollo de la enfermedad de Alzheimer. Se ha documentado desde entonces la salud de 678 monjas, incorporadas al estudio cuando sus edades fluctuaban entre 75 y 108 años.

En una de las vertientes de esa investigación, a los científicos de la Universidad de Kentucky se les ocurrió la notable idea de examinar las autobiografías de las monjas escritas cuando tenían en promedio 22 años, al entrar a la orden religiosa, para correlacionarlas con la salud de ellas 50 a 70 años después. Esto permitió clasificar las emociones predominantes en las biografías, según el predominio de emociones positivas (ej.: cumpleaños familiares), negativas (ej.: divorcio de los padres), y neutras. Pues bien, las monjas que a los 22 años describieron su vida con predominio de emociones positivas, vivieron más tiempo que aquellas que describieron su vida con prevalencia de emociones negativas. Esto fue publicado en una prestigiosa revista científica.[12]

Este hallazgo es muy importante, ya que nos muestra el mecanismo por el cual seguir Sus enseñanzas puede prolongar nuestra vida, porque la Biblia es la fuente primaria de las emociones positivas que endulzan nuestra vida y nos ayudan a superar los inevitables problemas de la vida.

El amor por el prójimo, la simpatía por quienes sufren, la compasión por el extranjero, la alegría de nuestros festivales religiosos celebrados en la comunidad, el estudio que nos da la tranquilidad de comprender el mundo que nos rodea y, sobre todo, la esperanza que podemos ser mejores que lo que somos, porque fuimos creados a Su imagen y semejanza. Todas son enseñanzas que están en el centro de la Biblia. En último término, la Torá es la fuente última de la más grande emoción positiva de todas, el amor a Dios y a sus creaturas.

---

12. *Journal of Personality and Social Psychology*, volumen 80, págs. 804-813, 2001

Así, se ha demostrado científicamente que La Torá verdaderamente prolonga nuestros días, como lo dijera hace ya tiempo Moisés.

2014

El último mandamiento: la fraternidad entre las religiones

> *(Dios) verdaderamente ama a los pueblos*
> Deuteronomio 33:3

¿No es acaso extraordinario que al final de su despedida, Moisés diga estas inequívocas palabras de Deuteronomio 33:3? El texto bíblico descarta definitivamente que estas fueran palabras de alguien que, por su avanzada edad, tuviera sus capacidades intelectuales limitadas: «Sus ojos no eran débiles ni su energía estaba disminuida» (Deuteronomio 34:6). A sus 120 años, Moisés no podía tener la visión de su juventud ni la fuerza física, de manera que acá el texto bíblico nos revela, como es de esperar dada su naturaleza moral, que lo que está intacto en Moisés es su pasión por la misión que Dios le encargara hace cuatro décadas. Moisés sabía lo que estaba diciendo, pero más importante aún, sabía el porqué lo estaba diciendo.

Durante su peregrinar, los israelitas tuvieron que lidiar con pueblos que tenían otros dioses, con algunos pelearon, con otros colaboraron, y con otros no tuvieron ninguna relación. Al llegar a la Tierra Prometida, el ánimo en más de alguien era muy cercano al chovinismo y al desprecio por los otros pueblos que ellos encontraron en su viaje. Por eso, Dios a través de Moisés, nos dejó este importante recordatorio, tan vigente ahora como en su tiempo.

Si Dios ama a todos los pueblos, entonces también nosotros tenemos que hacerlo. ¿Hasta qué punto? La respuesta de Miqueas: «Deja que los otros pueblos anden en nombre de sus dioses, nosotros lo haremos siempre en nombre de Dios» (Miqueas 4:5). Tal vez la tensión más importante que atraviesa toda la Torá es aquella entre lo particular del pueblo judío y lo universal de la humanidad. Muchas veces, lecturas incompletas y superficiales del texto bíblico han antagonizado la relación de Dios con Israel, por un lado, y Su relación con el resto de la humanidad, por el otro. Pero, una y otra vez, lo universal de Sus enseñanzas se revela inequívocamente, hasta el punto de incluir a los no judíos en el pacto con Dios (Deuteronomio 29:9-11) y de respetar las creencias religiosas diferentes a las nuestras (Miqueas 4:5).

No es casual que esto aparezca en el Deuteronomio, el libro de la preocupación por los débiles, del Shema,[13] de la lectura pública de la Torá, y que sentó las bases para reemplazar los sacrificios animales por el estudio y los ritos, así como de la bendición después de la comida, el uso de las *mezuzot* y los *tefilin* y *tzitzit*, y que cimentó el monoteísmo como eje de nuestra religión. Tan central a nuestra vida judía como todas esas importantes prácticas rituales y creencias, entonces, es el respeto por la diversidad religiosa de nuestro prójimo.

El rabino Abraham Joshua Heschel recogió esta enseñanza divina con claridad meridiana: «El problema que enfrentamos es cómo combinar la lealtad a nuestra tradición con el respeto a las otras tradiciones». Heschel fue el teólogo del Movimiento

---

13.Shemá Israel (del hebreo, לְאָרְשִׂי עֲמְשׁ, 'Escucha, Israel') es el nombre de una de las principales plegarias de la religión judía. Su nombre retoma las dos primeras palabras de la oración en cuestión, siendo la plegaria más sagrada del judaísmo. La oración reaparece en los Evangelios de Marcos y Lucas; en ocasiones forma parte también de la liturgia cristiana (Wikipedia).

Conservador que abrió las puertas para el entendimiento con nuestros hermanos católicos y protestantes, que se basó tanto en el diálogo como en el activismo social en su lucha contra el nazismo, el racismo y la guerra. Su bandera a su vez fue recogida por el Rabino Marshall Meyer en Argentina, que unió a su rigurosidad teológica su intensa defensa de los derechos humanos y fundó el Movimiento Conservador en esta parte del continente. Discípulos de Moisés, Heschel y Meyer encabezan ahora nuestras comunidades, y entonces no es casualidad que uno de ellos preside hoy la Confraternidad Judeocristiana de Chile. En este nuevo año judío, renovemos esta veta de nuestro largo caminar con Dios, la de la tolerancia religiosa.

2014

¡Shalom y bendiciones!
Shalom U'brajot!

Sobre el autor

Hugo Cárdenas Sankan (hugo.cardenas@usach.cl) es biólogo y profesor titular de la Universidad de Santiago de Chile. Su experiencia de vida judía se desarrolla en la Comunidad Beit Emunah (Santiago, Chile). Obtuvo su doctorado en Ciencias Biológicas en la Pontificia Universidad Católica de Chile en 1988, y realizó sus estudios postdoctorales en la Universidad de Texas en Houston en el Laboratorio de Neuroendocrinología (1989-1991) y en la Universidad de Illinois en Urbana-Champaign en el Departamento de Fisiología (1991-1993).

Su vida espiritual se nutre de la relación de pertenencia con la Comunidad Beit Emunah y de la constante interacción dialogante con sus estudiantes y colegas. Durante su formación y carrera científica, ha participado en investigaciones en las áreas de neurofisiología sensorial, biología reproductiva, neuroendocrinología y biología celular, siendo autor y coautor de alrededor de 70 artículos en revistas científicas especializadas. Su principal línea actual de investigación es la bioética social, y su docencia principal es la bioética de la ciencia para las carreras de bioquímica y el doctorado en neurociencia del Departamento de Biología de la Facultad de Química y Biología de la USACH.

Las comunidades judías de hoy son herederas de las antiguas comunidades religiosas de Europa del Este y de Oriente, donde todas las dimensiones de la vida giraban en torno al judaísmo y la religiosidad permeaba toda la vida personal y social. Esto era posible porque vivían aisladas del resto de la sociedad, segregadas en guetos y barrios exclusivos y excluyentes. Hoy, sin embargo, al estar las familias judías integradas a la sociedad general, las comunidades como Beit Emunah son espacios de pertenencia donde se organiza y expresa la riqueza de la religiosidad judía. En estos lugares, los judíos tienen la confianza de ser siempre recibidos con afecto y fraternidad. El rabino Shmuel Szteinhendler es el líder religioso de la Comunidad Beit Emunah y es una fuente permanente de diálogo crítico y enriquecedor sobre la relevancia de la Torá para todas las dimensiones de la vida cotidiana.

Publicaciones en bioética del autor

Aguayo, R., Bergez, D., Faúndez, V., Silva, D., Zúñiga, P., Orihuela, P., Bustos, J., & Cárdenas, H. (2021). Reflexiones desde la bioética sobre la ausencia mapuche entre los y las docentes de universidades chilenas. *Contribuciones Científicas y Tecnológicas (USACH)*, 46, 45-55. https://doi.org/10.35588/cdicyt.v46i1-2.5571

Andrade, C., Barrera, C., Cabezas, F., Castro, C., Gallardo, P., García, K., Muñoz, P., Oyarzún, A., Salas, J., Valdés, C., Ureta, A., Urra, J., Orihuela, P., Vera, P., & Cárdenas, H. (2015). ¿Es ético sacrificar animales con fines docentes? Visión de estudiantes y docentes universitarios. *Contribuciones Científicas y Tecnológicas (USACH)*, 40, 51-56.

Bustos, J., Hernández, F., Orihuela, P., & Cárdenas, H. (2018). La desigualdad de género en el cuerpo académico de las universidades chilenas. *Contribuciones Científicas y Tecnológicas (USACH)*, 43, 13-18.

Cárdenas, H., Garay, P., Ramírez, P., Bustos, J., Vanegas, J., Vera, R., Ríos, M., & Orihuela, P. (2023). La invisibilidad de la tercera edad: Desafíos y oportunidades de la USACH ante el envejecimiento de la población. *Contribuciones Científicas y Tecnológicas (USACH)*. En prensa.

Cárdenas, H., Leguina-Ruzzi, A., Baquedano, C., Ramírez, A., Santander, F., Torres, E., Archiles, S., Arellano, G., Vergara, F., Romero, V., Gallardo, P., Arbiter, R., & Orihuela, P. (2016). Student view on ethical aspects of undergraduate research at a Chilean public university. *Contribuciones Científicas y Tecnológicas (USACH)*, 41, 77-82.

Hernández, F., Undurraga, A., Navarrete, A., Herrera, S., Orihuela, P., Bustos, J., & Cárdenas, H. (2017). Mujeres de estratos socioeconómicos altos y de países desarrollados no fueron incluidas en los estudios internacionales de los DIU. Una revisión sistemática. *Contribuciones Científicas y Tecnológicas (USACH)*, 42, 5-12.

Juanchuto-Viertel, N., Marca, S., Orihuela, P., Bustos, J., & Cárdenas, H. (2019). Jóvenes de piel clara, de alta estatura y contextura delgada: la feroz discriminación de la publicidad en Chile. *Contribuciones Científicas y Tecnológicas (USACH)*, 44, 45-50.

Peña, A., Orihuela, P., Krauss, F., & Cárdenas, H. (2020). Factores determinantes de la docencia no presencial en la Universidad de Santiago de Chile durante la pandemia de la COVID-19. *Contribuciones Científicas y Tecnológicas (USACH)*, 45, 27-37. https://doi.org/10.35588/cdicyt.v45i2.4874

Saavedra Dahm, O., Solar, P., Díaz, H., Mandel, A., Casado, M. E., Rivera, M. S., Orihuela, P., Velásquez, L., & Cárdenas, H. (2012). The case against template informed consent procedures in biomedical research: heterogeneity in health literacy in Chile. *Terapia Psicológica*, 30, 127-131.